ANDRÉ CRUZ

GUIA POLITICAMENTE INCORRETO PARA EMPREENDEDORES DIGITAIS

UM MANIFESTO PARA DESAFIAR O SISTEMA, VIRAR O JOGO E ELEVAR O NÍVEL DOS NEGÓCIOS ONLINE

ANDRÉ CRUZ

GUIA POLITICAMENTE INCORRETO PARA EMPREENDEDORES DIGITAIS

UM MANIFESTO PARA DESAFIAR O SISTEMA, VIRAR O JOGO E ELEVAR O NÍVEL DOS NEGÓCIOS ONLINE

www.dvseditora.com.br
São Paulo, 2025

GUIA POLITICAMENTE INCORRETO PARA EMPREENDEDORES DIGITAIS

DVS Editora 2025 – Todos os direitos para a língua portuguesa reservados pela Editora.

Nenhuma parte deste livro poderá ser reproduzida, armazenada em sistema de recuperação, ou transmitida por qualquer meio, seja na forma eletrônica, mecânica, fotocopiada, gravada ou qualquer outra, sem a autorização por escrito dos autores e da Editora.

Organização e pré-edição: Paulo Maccedo
Assistente de pré-edição: Carlos Monteiro
Design de capa: Rafael Brum Studio
Projeto gráfico e diagramação: Bruno Ortega / BRO® studio

Dados Internacionais de Catalogação na Publicação (CIP)
(Câmara Brasileira do Livro, SP, Brasil)

Cruz, André
　Guia politicamente incorreto para empreendedores digitais : um manifesto para desafiar o sistema, virar o jogo e elevar o nível dos negócios online / André Cruz. -- 1. ed. -- São Paulo : DVS Editora, 2025.

　ISBN 978-65-5695-142-3

　1. Comércio eletrônico - Administração 2. Marketing digital 3. Mercado digital 4. Mídias digitais 5. Redes sociais online I. Título.

25-251272   CDD-658.84

Índices para catálogo sistemático:

1. Comércio eletrônico : Sucesso nos negócios :
   Estratégia e gestão : Administração
   658.84

Aline Graziele Benitez - Bibliotecária - CRB-1/3129

Nota: Muito cuidado e técnica foram empregados na edição deste livro. No entanto, não estamos livres de pequenos erros de digitação, problemas na impressão ou de uma dúvida conceitual. Para qualquer uma dessas hipóteses solicitamos a comunicação

SUMÁRIO

Prefácio | Rafael Rez 7
Prefácio | João Pereira 11
Ode ao Empreendedor 14

PARTE 1 | A GRANDE PROCLAMAÇÃO 17
A verdade e nada mais 18
Vamos falar de revoluções 23
O Grande Esquema 31
O Esperto contra o Sábio 37
Pequeno guia antimanipulação 41

PARTE 2 | HISTÓRIA DE SUCESSO 51
Algo semelhante à jornada do herói 53
A fantástica fábrica de pobres 58
Uma questão de humanidade 64
Tudo começa a mudar 69
O Jogo da Transformação 74
Onde estamos agora? 80

PARTE 3 | EM NOME DA DISRUPÇÃO 87
A guru do seu negócio online 89
Com a palavra, os clientes 107
O sucesso pertence àqueles que ousam sonhar 117

PARTE 4 | CONSELHOS PRÁTICOS PARA EMPREENDEDORES AUDACIOSOS 125
5 conselhos que eu daria para o meu "eu" jovem 127
Hacks de gestão que você não encontrará em outro lugar 138
Os 5 chefes de qualquer negócio 146
O modelo de liderança Guru 150
Como escalar seu negócio sem comprometer qualidade 156
Saindo da Caverna 162
Agradecimentos 166

"Quando uma torre reta é construída, ela denuncia tudo o que está torto."

Desconhecido

PREFÁCIO | RAFAEL REZ

Estou nesse mercado digital desde 1997. Vi muitas transformações, reviravoltas e revoluções.

Uma dessas revoluções, sem sombra de dúvidas, foi no acesso à educação pelos meios digitais e a popularização do acesso ao conhecimento. No entanto, popularizar o acesso não significa popularizar o conhecimento.

O ser humano tem uma tendência natural, biológica — nascida da necessidade de sobrevivência por milhares de anos —, de poupar energia.

Uma das formas de poupar energia é buscar atalhos para tarefas trabalhosas, que não oferecem recompensas imediatas. A maioria das pessoas prefere ganhar R$ 100 agora do que R$ 500 daqui um ano. Parece natural e intuitivo, porque a recompensa é imediata (dica: quando alguém escolhe os R$ 500, há grandes chances de ser um empreendedor).

Agora junte estas duas variáveis: o acesso à informação com a preguiça e nasce o mercado do atalho: um mercado de oferecer pílulas mastigadas que simulam o conhecimento, mas não são o conhecimento em si, apenas criam a sensação de detê-lo. É o efeito *Dunning-Kruger*, o viés cognitivo pelo qual pessoas com baixa habilidade em uma tarefa superestimam sua habilidade, acreditando que dominam o assunto.

Esse novo mundo digital criou oportunidades impensáveis há 30 anos: de um lado, soluções que encurtam o aprendizado, facilitam o acesso, democratizam a educação e permitem que pessoas tenham a oportunidade de aprender e aplicar novos conhecimentos numa escala nunca antes vista. Do outro lado, facilitou o estelionato digital, a criação de cursos de vender cursos, e um mercado que vive de vender sonhos e promessas para pessoas que buscam atalhos e querem acreditar neles.

Basicamente, é desta forma que vejo se dividirem os chamados empreendedores digitais: de um lado pessoas sérias ensinando algo valioso, do outro lado oportunistas vendendo promessas milagrosas.

O que ambos têm em comum? Eles precisam de plataformas para hospedar, transacionar e entregar seus produtos, sejam eles quais forem.

Em 2013, eu já trabalhava como afiliado há alguns anos, quando fui convidado pelo Flávio Raimundo para ser sócio dele e do Paulo Faustino no Afiliados Brasil. Nos anos seguintes, vi muitas plataformas nascerem e crescerem, mas vi poucas delas desafiarem o *status quo* do mercado.

Em meio a essa minha jornada, ali em 2017, tive a oportunidade de conhecer o André Lado Cruz. A primeira impressão era de um cara agressivo, provocador, inquieto. Só depois fui entender que não era agressividade, era obstinação.

Lá em 2017, ele já me falava sobre onde o mercado de plataformas digitais iria chegar e como ele pretendia mudar o cenário a favor dos produtores (fossem eles os educadores ou vendedores de atalhos).

Me pareceu arrogância querer mudar as regras do mercado, que parecia já estabelecido e dominado por três plataformas.

Eu estava absolutamente errado.

Poucos anos depois o encontro novamente em Portugal, e ele me mostra tudo que já havia construído e tudo que ainda estava no *backlog* (uma lista que contém breves descrições de todas as funcionalidades desejadas para um produto ou software).

Não só isso, me mostrou quantos produtores já haviam migrado para essa nova realidade, diminuindo custos, ganhando autonomia e robustez para seus modelos de negócios. Fiquei espantado em ver como tudo que ele havia falado tinha se materializado e estava sacudindo o mercado.

A postura que ele assume neste *Manifesto* é a mesma que conheci lá em 2017: agressiva, literal, sem meias palavras, sem disfarces enfadonhos. É conversa direta, preto no branco, para quem não está a fim de títulos de nobreza, e sim de construir um negócio sustentável.

Vivemos em um mundo onde a promessa de liberdade digital se tornou uma armadilha invisível. Com uma mão, as plataformas te oferecem acesso e visibilidade; com a outra, sufocam a autonomia e drenam os lucros. E o pior? A maioria aceita isso de bom grado, como se fosse o preço natural a se pagar.

Mas o André não aceita.

Este *Manifesto* é um grito de guerra contra essa mentalidade acomodada, um convite para enxergar além do óbvio e questionar as regras do jogo. Ele desafia o leitor a abrir mão da zona de conforto e abraçar a liberdade verdadeira: aquela que vem de entender o sistema, virar a mesa e construir negócios que sirvam a você — e não o contrário.

Este não é um livro para ser lido de forma passiva. É uma provocação. André mistura histórias reais, metáforas e insights estratégicos para fazer você repensar seu papel como empreendedor. Ele fala com quem está cansado de depender, com quem quer mais do que prêmios simbólicos e status frente aos coleguinhas.

Se você está buscando um manual técnico, talvez se sinta desconfortável. Mas, se está disposto a desafiar o sistema e assumir o controle, prepare-se para uma experiência impactante.

A liberdade exige coragem, e cada página deste manifesto é um convite para agir. Não se trata apenas de negócios digitais; trata-se de criar um negócio que realmente faça sentido.

Você está pronto para enfrentar as verdades que ninguém quer te contar?

Então vá em frente. Este livro vai sacudir verdades escondidas debaixo do tapete e que pouquíssimos têm coragem de debater.

Boa leitura!

Rafael Rez
*Fundador da Web Estratégica
Cofundador da Nova Escola de Marketing
Autor do bestseller Marketing de Conteúdo:
a moeda do século XXI*

PREFÁCIO | JOÃO PEREIRA

Ao longo da minha carreira como investidor de capital de risco em *startups* digitais, pude testemunhar o extraordinário poder transformador que as ideias visionárias, lideradas por indivíduos audaciosos, têm na sociedade. De entre as qualidades que definem um empreendedor, há uma que sempre retive em destaque: a capacidade de transformar possibilidades em realidade. E é exatamente isso que este livro oferece — um convite para ousar, criar e transformar.

André Lado Cruz, o autor, evidencia esta qualidade, que junta à sua tremenda abordagem da vida, em família, com amizade, com honestidade e partilha com a comunidade que são todos os implicados na sua vida, colaboradores, investidores, clientes, fornecedores e parceiros. Com sua visão inquieta, distinta e uma abordagem sem rodeios, escreveu muito mais do que um guia para negócios digitais. Este é um *Manifesto* para uma nova geração de empreendedores. Como ele próprio pratica, o André desafia os leitores a questionar tudo: as normas prevalecentes e aceites como tal, os intermediários que drenam o valor criado e até as suas próprias perceções sobre o que significa construir um negócio de sucesso. Na verdade, é muito mais do que apenas desafiar, o André equipa-os com ferramentas práticas e a inspiração para traçar um caminho rumo à independência e ao sucesso no mercado digital.

Caro leitor, o que torna este livro verdadeiramente especial é a sua capacidade de falar diretamente àqueles que estão a iniciar na jornada empreendedora. Para os novos empreendedores com grandes sonhos e recursos limitados, este é um roteiro para navegar num cenário frequentemente dominado por grandes *players* e sistemas aparentemente inquebráveis.

O André prova que não precisa de ser um gigante para fazer a diferença. Com coragem, persistência e as estratégias certas, um novo empreendedor, a começar do zero, pode mudar o jogo e construir um legado significativo.

A mensagem central deste livro é clara: não tenha medo de começar e nunca se contente com menos do que merece. O mundo digital oferece oportunidades sem precedentes, mas também exige discernimento para escapar das armadilhas e dos sistemas que perpetuam a dependência. Daí o "Guia Politicamente Incorreto para Empreendedores Digitais".

Como investidor, sei que novos empreendedores frequentemente lutam contra dúvidas e incertezas. O André aborda essas questões com seriedade e encorajamento, mostrando que o empreendedorismo não é sobre perfeição — é sobre ação. Trata-se de começar com o que tem, aprender ao longo do caminho e, acima de tudo, não desistir.

Este livro também serve também como um poderoso lembrete de que o empreendedorismo não é apenas sobre negócios — é sobre impacto. Cada *startup* lançada, cada produto desenvolvido, cada ideia trazida ao mercado tem o potencial de mudar vidas, não apenas para os próprios empreendedores, mas também para os clientes e comunidades que eles servem.

Vamos ser francos, o empreendedorismo requer resiliência, criatividade e disposição para enfrentar o desconhecido. Este *Manifesto* não disfarça as dificuldades; ele destaca-as porque é na superação dos desafios que os empreendedores encontram o verdadeiro crescimento.

O que o leitor encontrará aqui é mais do que uma simples coleção de ideias e estratégias. Este livro é uma tremenda *call to action*. Está aqui para provocá-lo, para que afaste o medo, abrace o risco e imagine um futuro no qual é o arquiteto do seu próprio sucesso. Cada capítulo do livro foi projetado para o inspirar e capacitar. As tocantes histórias pessoais do André são exemplos e fontes de motivação, enquanto os seus conselhos práticos são aplicáveis a qualquer pessoa ousada o suficiente para tentar.

Para os novos empreendedores que têm este livro em mãos, quero deixar uma mensagem clara: ESTA É A SUA OPORTUNIDADE. Assim, em maiúsculas. Nunca houve um momento melhor para começar. O mercado digital não apenas democratizou o acesso ao empreendedorismo, mas também nivelou o campo de jogo de maneiras inimagináveis há apenas décadas.

Caro empreendedor, deixe-me chamar-lhe assim. À medida que ler este livro, descobrirá que ele não é apenas sobre negócios digitais — é sobre tornar-se o tipo de pessoa que ultrapassa limites, abraça mudanças e transforma obstáculos em oportunidades. É um prospecto, uma proclamação e uma ferramenta prática, tudo em um.

Então, convido-o a mergulhar nas páginas seguintes com uma mente aberta e um coração corajoso. Permita-se ser desafiado, inspirado e, mais importante, capacitado. O empreendedorismo não é apenas sobre encontrar o caminho para o sucesso; é sobre tomar nas suas mãos a criação desse caminho.

O momento é agora. O mundo está em constante mudança, e o mercado digital está cheio de possibilidades que esperam por si. A pergunta é: você está pronto para aceitar o desafio?

João Pereira
Diretor de Investimento Digital, Portugal Ventures

ODE AO EMPREENDEDOR

Aos visionários que ousam sonhar,

Aos destemidos que se lançam ao mar,

Aos construtores que erguem o mundo que vemos,

Mesmo com as marés contra, remam sem desengano.

Aos que desafiam o status quo,

Aos que transformam o "não" em "por quê não?»,

Aos que enfrentam o labirinto burocrático,

Com a fé inabalável no seu fantástico.

Aos que pagam impostos escorchantes,

Aos que lutam contra leis inconstantes,

Aos que driblam a burocracia sufocante,

Com a coragem de um gigante.

Aos que geram empregos e riqueza,

Aos que impulsionam a economia com destreza,

Aos que constroem pontes e ultrapassam a incerteza,

Com a força de sua nobreza.

Aos que entendem que a comissão justa

É recompensa ao esforço que se ajusta,

Aos que valorizam quem soma e se une à sua luta,

Com a sabedoria que os conduz à rota.

Aos que rejeitam o sócio-fantasma,

Que se alimenta do lucro sem plantar a semente,

Aos que defendem sua empresa com garra,

Com a determinação que move montanhas e cimenta.

Aos empreendedores, guerreiros da luz,

Que iluminam o caminho com sua cruz,

Aos que acreditam em um futuro promissor,

Mesmo quando o presente é um campo minado de dor.

A vocês, que constroem o mundo que conhecemos,

Com suor, lágrimas e sonhos que semeamos,

A vocês, que merecem todo nosso apreço,

Nossa eterna gratidão e mais que um verso.

Que esta ode seja um tributo à sua coragem,

Um incentivo à sua perseverança e à sua linhagem,

Que ecoe nos corações de todos que ousam sonhar

E inspire outros a empreender e a voar.

PARTE 1

A GRANDE PROCLAMAÇÃO

PRÓLOGO

A VERDADE E NADA MAIS

"A tributação dos ganhos do trabalho está no mesmo nível do trabalho forçado."
– **Robert Nozick**, *filósofo estadunidense*

"Isso é real?", perguntou Neo, com os olhos arregalados enquanto segurava a pílula vermelha nas mãos.

"O que é 'real'? Como você define 'real'?", respondeu Morpheus, com um olhar penetrante. "Se você está falando sobre o que pode sentir, o que pode cheirar, o que pode provar e ver, então 'real' são simplesmente sinais elétricos interpretados pelo seu cérebro. Esta é a sua última chance. Depois disso, não há como voltar. Se tomar a pílula azul, a história termina, você acorda na sua cama e acredita no que quiser acreditar. Se tomar a pílula vermelha, fica no País das Maravilhas e eu mostro até onde vai a toca do coelho.

Neo olhou indeciso para as duas pílulas e finalmente tomou a vermelha.

Morpheus sorriu.

"Lembre-se, tudo o que estou oferecendo é a verdade. Nada mais."

Certamente você reconheceu o diálogo acima, e é provável que tenha relembrado da icônica cena que marcou a história do cinema. Sim, estou falando de *Matrix*, o filme que revolucionou a maneira como percebemos o mundo à nossa volta.

Dirigido pelas irmãs Wachowski, *Matrix* é reconhecido como uma obra-prima cinematográfica e funciona como uma profunda reflexão filosófica sobre a natureza da realidade, o poder da escolha e o potencial ilimitado da mente humana.

Assim como o protagonista de *Matrix*, Thomas A. Anderson, sob o pseudônimo Neo, muitos de nós vivemos em uma realidade construída por forças invisíveis – crenças, condicionamentos e sistemas que moldam nossas percepções e limitam nosso verdadeiro potencial.

A famosa cena em que Neo escolhe entre a pílula vermelha e a pílula azul simboliza o momento crucial em que decidimos entre permanecer na zona de conforto da ilusão ou nos aventurarmos na incômoda, mas libertadora, verdade.

Correndo o risco de "chover no molhado", uso *Matrix* como uma analogia para o conteúdo deste livro que você tem em mãos. Nossas crenças e percepções podem ser reprogramadas, assim como o código da Matrix. Ao desafiar o status quo e questionar as narrativas impostas, podemos despertar para uma vida de maior consciência e liberdade.

Como Neo enfrentou o dilema da escolha, milhares – senão milhões – de empreendedores e empresários se encontram hoje em um paradoxo semelhante: vivem em uma realidade construída por narrativas que prometem felicidade e sucesso, mas que, na verdade, os mantêm presos em um ciclo de exploração.

"Sobre o que exatamente você está falando, André?"

É simples. No contexto do empreendedorismo digital,[1] a promessa de autonomia e sucesso instantâneo atrai muitos aspirantes a empreendedores. No entanto, grandes empresas que oferecem soluções aparentemente vantajosas escondem armadilhas que corroem a liberdade econômica. Essas plataformas, embora se apresentem como facilitadoras, frequentemente se transformam em intermediários parasitários, que drenam os lucros com taxas e comissões exorbitantes. O suporte aparente vem à custa da autonomia financeira, gerando uma nova forma de dependência.

A essência do verdadeiro empreendedorismo digital deveria ser a liberdade – a capacidade de inovar, de tomar riscos calculados e de colher os frutos do próprio trabalho. No entanto, essa liberdade é limitada por estruturas que favorecem os poucos no topo, perpetuando um ciclo de exploração. Esta é a grande Matrix da internet!

Questionar essas estruturas e buscar alternativas que promovam a verdadeira independência é essencial para romper com as limitações impostas por esse grande sistema. Afinal, liberdade, em sua forma mais pura, significa a ausência de coerção. No mundo digital, isso pode ser traduzido como a capacidade de operar de forma independente, sem a necessidade de intermediários que se beneficiem do trabalho alheio. Agora me diga você: é essa a condição que define seu contexto hoje?

Se sim, parabéns! Você superou a Matrix. Se não, lamento. Você está preso em um sistema que está limitando suas oportunidades e consumindo seus recursos, mantendo-o dependente de um processo que lucra com o seu esforço e com a sua criatividade.

---

1   *A criação ou transformação de empreendimentos que operam de forma parcial ou total no ambiente digital. Esses empreendimentos utilizam a internet, ferramentas e tecnologias relacionadas para desenvolver, comercializar e distribuir seus produtos ou serviços.*

Em determinado momento do filme que estamos usando como analogia, Morpheus diz a Neo: "Você precisa entender, a maioria destas pessoas não está preparada para despertar. E muitas delas estão tão inertes, tão desesperadamente dependentes do sistema, que irão lutar para protegê-lo".

Você pode pegar seu celular agora e enviar mensagens mostrando os trechos que acabou de ler num grupo de empreendedores do WhatsApp. Mas não se espante se alguns membros reagirem com resistência ou desconforto; o despertar para a verdade pode ser desafiador, e muitos preferem se apegar ao familiar, mesmo que isso signifique continuar na Matrix, que nesse caso é defender o tipo padrão de plataforma que distribui plaquinhas, *souvenirs* e prêmios que afagam o ego e alimentam a vaidade.

Por isso, agora te dou uma escolha: você pode fechar este livro, deitar a cabeça no travesseiro e fingir que tudo o que leu até aqui não importa para você ou seu negócio. Se essa for sua decisão, tome a pílula azul e continue como está. Mas, se estiver disposto a enfrentar a verdade, pegue um copo d'água — ou sua bebida favorita — e tome a pílula vermelha. Com ela, você se compromete a encarar a realidade e explorar novas possibilidades que podem transformar sua vida e seu negócio.

Se escolher seguir adiante, prepare-se. Este é um guia "politicamente incorreto" porque não suaviza verdades, não faz rodeios. Ele mescla uma grande proclamação (Parte 1), histórias inspiradoras (Parte 2), um grande case de sucesso (Parte 3) e conselhos práticos valiosos (Parte 4) Você está prestes a ler um verdadeiro manifesto capaz de te fazer desafiar o sistema, virar o jogo e elevar seu negócio online a um novo patamar.

Está pronto? Lembre-se: tudo o que estou oferecendo é a verdade. Nada além dela.

NOTA DO AUTOR

Encarar a verdade e sair da Matrix não é apenas um ato de coragem, mas um compromisso com a própria evolução. Para muitos, isso significa questionar profundamente as crenças estabelecidas e desafiar o status quo que limita o crescimento pessoal e dos negócios. A jornada para sua verdadeira independência financeira pode começar com uma pequena mudança na forma como você vende e processa seus pagamentos. Meu objetivo aqui é provocá-lo a questionar quem são os intermediários desnecessários que podem estar minando seu caixa, e a partir disso identificar qual é a alternativa que levará você a alcançar seus objetivos e transformar sua realidade. Este é o primeiro passo para romper com as limitações impostas pelo Sistema e avançar para uma vida mais independente e satisfatória. Vamos em frente!

VAMOS FALAR DE REVOLUÇÕES

"Se você vê uma fraude e não diz 'fraude', você é uma fraude."

— **Nassim Nicholas Taleb**, *autor e ensaísta*

No começo do século XX, o imponente Titanic, então o maior e mais luxuoso navio de passageiros já construído, encontra seu destino trágico ao colidir com um iceberg durante sua viagem inaugural, submergindo sob as águas do Atlântico. No mesmo ano desse famoso desastre, chegava ao mundo o homem que mudaria a história do mundo para sempre.

Alan Turing nasceu em 23 de junho de 1912 e foi um lógico e matemático brilhante, criptógrafo de primeira e pioneiro da ciência computacional. É considerado um dos pais da computação e, também, da IA (inteligência artificial) — tema cada dia mais atual e presente.

Desde a juventude, Turing demonstrava grande habilidade matemática e também científica. Na juventude, frequentou a famosa *Sherborne School* e, após concluir sua formação inicial, foi para o *King's College*, em Cambridge, onde realmente se destacou no campo da matemática. Contudo, nasceu numa época muito conturbada no continente europeu, palco de grandes guerras e revoluções.

Durante a Segunda Guerra Mundial, Turing precisou trabalhar em Bletchley Park, o centro britânico de criptoanálise, onde desempenhou o papel crucial de quebrar os códigos do *Enigma* – máquina utilizada pelos alemães para suas comunicações secretas. Para decifrar os códigos criptografados, desenvolveu a *Bomba*, mecanismo eletromecânico que ajudava a acelerar o processo de decifração do Enigma. Curiosamente, essa é a história por trás das primeiras versões das máquinas que você usa para criar, trabalhar, se entreter, aprender etc.

Turing morreu em 7 de junho de 1954, apenas um ano antes do nascimento de outro nome importante da computação, Tim Berners-Lee. O também britânico foi o criador da linguagem HTML[2], e junto desta brilhante ideia viria outra, ainda mais impactante, a chamada *World Wide Web* (Rede Mundial de Computadores). A ideia de Berners surgiu ainda enquanto trabalhava como consultor independente de software, depois de ter criado um sistema para gerenciar informações pessoais, o *Enquire*.

Em 1980, Berners-Lee começou a trabalhar no CERN, a Organização Europeia para a Pesquisa Nuclear, em Genebra, Suíça. Foi lá que ele deu início à criação da ideia de um sistema de gerenciamento de informações que viria a se tornar a internet.

Em 1989, Lee escreveu uma proposta inicial para o sistema de gerenciamento de informações, que usaria a hipermídia para facilitar a troca de informações entre cientistas ao redor do mundo. Acontece, porém, que sua proposta foi inicialmente recusada. Ele, porém, não desistiu nem abandonou o projeto, acreditando que isso mudaria completamente o mundo – e realmente mudou.

---

2   HyperText Markup Language, a linguagem padrão utilizada para criar e estruturar páginas na web. Ela permite a formatação de texto, a inserção de imagens, links, vídeos e outros elementos multimídia, proporcionando a base para a construção de sites.

Em 1990, com ajuda de Robert Cailliau, Lee desenvolveu os componentes essenciais da Web: o *HTML*, o *URI*, ou *Uniform Resource Identifier* (precursor da URL), o *HTTP*, *HyperText Transfer Protocol*, e o primeiro navegador e editor web.

Por que eu cito esses dois caras aqui? Porque eles não apenas revolucionaram o campo da computação, mas mudaram o mundo. Consegue imaginar o que seria do mundo se Turing não tivesse criado a Bomba para decifrar o Enigma? Ou se Berners-Lee tivesse desistido quando sua proposta inicial da WWW não foi aceita pelos seus pares?

Graças a esses dois grandes cientistas, você pode ter acesso, direto da sua casa, a um mundo praticamente infinito de informações e conhecimentos, notícias e novidades, entretenimento (músicas, filmes, séries, podcasts, vlogs etc.), e até mesmo às Inteligências Artificiais de imagem e texto (feito o ChatGPT e o Midjourney).

E o que dizer do modo como obtemos conhecimento? Até há alguns anos, você ainda ia à escola e à universidade para assistir a uma aula presencialmente. Hoje, porém, você consegue fazer isso sem precisar sair de casa: basta ligar o computador e conectá-lo à internet e, com dois ou três cliques, você está na sala de aula.

A prensa de Gutemberg, a criação dos primeiros jornais, as publicações e propagação de ideias de modo muito mais rápido e acessível, a Revolução Industrial, as mudanças tecnológicas, o cinema e a mudança na forma como contamos histórias, o rádio e a TV etc. – todas essas mudanças foram indiscutivelmente importantes para a humanidade, mas nada supera a criação da internet. Ela transformou nossas vidas de inúmeras maneiras, especialmente no que diz respeito às oportunidades econômicas. Com o advento da web, qualquer pessoa com uma conexão à internet passou a ter acesso a um mercado global, podendo criar, comercializar e faturar com produtos dos mais diferentes tipos.

Pequenos empresários e empreendedores individuais puderam iniciar negócios de forma online com custos significativamente menores do que aqueles associados a lojas físicas. Plataformas de e-commerce, como eBay, Amazon e, mais recentemente, Shopify, permitiram que indivíduos vendessem seus produtos e serviços diretamente para consumidores ao redor do mundo.

Isso possibilitou o surgimento de novas formas de trabalho e geração de renda. Profissões como desenvolvedor de software, designer gráfico, criador de conteúdo e especialista em marketing digital cresceram exponencialmente.

As redes sociais e plataformas de compartilhamento de vídeo, como YouTube, Instagram e, mais recentemente, TikTok, permitiram que pessoas comuns se tornassem influenciadores e empresários digitais, gerando receitas substanciais através de conteúdos, parcerias, publicidade e vendas diretas.

Milhares de indivíduos se tornaram milionários e alguns bilionários explorando essas novas oportunidades, demonstrando que, com um pouco de criatividade, habilidade e motivação, é possível alcançar o sucesso financeiro sem sair do próprio quarto.

Ou seja, a internet não apenas facilitou a comunicação e o acesso à informação, mas também democratizou as oportunidades econômicas, permitindo que qualquer pessoa, independentemente de sua raça, gênero, religião, classe social e localização geográfica, possa empreender, inovar e alcançar sucesso. Mas como nem tudo são flores, a "revolução da web" também nos trouxe desafios significativos.

Até pouco mais de uma década, os computadores eram muito caros. Como são feitos de muitas peças diferentes, o custo facilmente ultrapassava os milhares de reais. Por isso as empresas precisavam investir pesado em tecnologia web para construir seus websites, lojas online, blogs, agregadores de vídeos e outros recursos se quisessem vender na internet.

Com o surgimento de lojas virtuais, surgiu um novo problema: a forma de processar os pagamentos. Isso ia desde a infraestrutura especial (TEF — Transferência Eletrônica de Fundos) até a segurança, com as certificações PCI (*Payment Card Industry*). Para evitar que, a cada compra, o usuário precisasse adicionar todas as informações de seu cartão, foram criados cofres virtuais para armazenar as informações dos compradores. Essa forma hoje arcaica de utilizar métodos de pagamentos virtuais dependia de inúmeros fatores. O próprio sistema TEF era extremamente complexo. Para que você entenda, o TEF funciona assim: você instala um software e o conecta a uma maquininha de cartão especial, o PinPad. Isso permite o registro automático das informações, e, durante a compra, a transação passa por uma central que pode permitir ou não o pagamento. Com a adoção do protocolo HTTP (obrigado, Tim Berners-Lee!), a maneira como as vendas e compras online são realizadas mudou drasticamente. Ele permitiu transações digitais de forma mais simples e eficiente, eliminando a necessidade de infraestruturas físicas e complexas, o que reduziu significativamente os custos operacionais para as empresas e facilitou o acesso de consumidores a produtos e serviços.

No final dos anos 1990 para início dos anos 2000, surge a infoprodução, termo utilizado para descrever a criação e venda de produtos de informação, como ebooks, cursos online, webinars, eventos, palestras etc. Com a crescente popularidade desses produtos, surgiram as primeiras plataformas de distribuição e venda de produtos digitais. Uma das pioneiras é a ClickBank, fundada em 1998, que se especializou em produtos digitais como e-books e softwares. Essa plataforma foi uma das primeiras a oferecer um marketplace para afiliados venderem produtos digitais em troca de comissões, facilitando a distribuição e venda dos produtos online.

Cerca de oito anos depois, modelos similares começaram a surgir no Brasil. A proposta da maioria dessas plataformas era muito semelhante: você cria o seu infoproduto ou vende ingressos para um evento e os hospeda na plataforma. A plataforma então intermedeia as vendas entre você, a instituição financeira e o comprador, cobrando uma taxa média de 10% sobre os valores recebidos. É um bom negócio perder 10% do faturamento para não precisar se preocupar com a infraestrutura de pagamento, logística e hospedagem de conteúdo, certo? Afinal, se as plataformas cuidam de todo o processo de venda, desde o processamento dos pagamentos até a entrega do produto ao consumidor final, era justo entregar o "dízimo" a elas.

Essa troca entre plataforma e produtores permitiu que muitos criadores de conteúdo focassem exclusivamente na criação e promoção de suas soluções, sem se preocupar com as complicações operacionais. Além disso, a visibilidade oferecida por essas plataformas ajudou a alcançar um público mais amplo, aumentando as chances de sucesso comercial dos infoprodutos. Quem não conhece uma tia da cantina que já ouviu falar em ganhar dinheiro com a plataforma XYZ?! Ou um sapateiro que descobriu as oportunidades na plataforma XPTO?!

Porém duas décadas se passaram e muita coisa mudou...

A tecnologia evoluiu de forma ágil, causando um impacto significativo na redução dos custos de criação e manutenção de plataformas online. O custo do armazenamento digital caiu drasticamente, enquanto a capacidade de processamento aumentou exponencialmente, permitindo uma gestão mais eficiente e econômica de grandes volumes de dados. A computação em nuvem revolucionou a operação das empresas, oferecendo infraestrutura flexível e escalável e reduzindo significativamente o trabalho e os gastos com manutenção.

Toda essa transformação tornou a criação e a manutenção de plataformas online mais barata e acessível. Contudo, mesmo com a redução dos custos e maior eficiência tecnológica, as plataformas continuam utilizando o velho e ultrapassado modelo *só-paga-se-vender*, cobrando taxas sobre os lucros dos empreendedores digitais, como se fossem sócias de seus negócios, sem nenhum bom motivo, quer dizer... com o bom motivo de engordar seu faturamento à custa dos empreendedores que ainda não se tornaram empresários.

Você se lembra do ditado "o barato sai caro"? Pois é, já parou para calcular quanto do seu dinheiro está deixando nas mãos invisíveis das plataformas que você usa para vender infoprodutos ou ingressos? Pense em tudo o que você poderia fazer com o dinheiro que está deixando no caixa das plataformas *só-paga-se-vender*... Uma viagem em família? Um carro novo? A festa de debutante da sua filha? Uma escola de qualidade para seus filhos? Ou, talvez, investir mais em tráfego online? Expandir seu escritório? Ou quem sabe até contratar mais pessoas para tornar sua empresa maior?

É aqui que nossa conversa fica mais indigesta. Porém meu objetivo aqui não é afagar o seu ego, passar a mão na sua cabeça e mentir dizendo: "Está tudo bem, amiguinho. Continue trabalhando para ganhar sua plaquinha de reconhecimento no final do ano!" Eu seria omisso se fizesse isso. Por isso decidi revelar toda a verdade, mesmo que isso me custe caro. Como diz a Palavra, "E conhecereis a verdade e ela vos libertará".

Muito mais que um livro de marketing e negócios, estas linhas expressam aqui uma proclamação em favor da liberdade. Da minha liberdade, da sua liberdade, da nossa liberdade.

A festa só começou!

DICA DO AUTOR

"Apare as unhas"

Um erro comum entre muitos empreendedores é confiar exclusivamente no contador ou no setor financeiro para lidar com os números, sem realmente entender o que eles significam para o próprio negócio. Para evitar essa armadilha, é crucial que você acompanhe de perto suas receitas, e principalmente, seus lucros. Uma dica prática é estabelecer uma rotina semanal ou mensal para revisar seus relatórios financeiros. Isso inclui não apenas observar o faturamento, mas também analisar as deduções. E lembre-se: custo é como unha, precisa ser aparado com frequência. Utilize a tecnologia para monitorar suas margens de lucro e, o mais importante, calcule quanto está sendo perdido para intermediários. Ao fazer isso, você poderá tomar decisões mais informadas sobre onde cortar gastos e, quem sabe, investir em alternativas mais vantajosas que aumentem sua retenção de lucros.

O GRANDE ESQUEMA

"Todos os bichos são iguais, mas alguns bichos são mais iguais que outros."
— **George Orwell**, A Revolução dos Bichos

Quando a revolução estourou na Granja do Solar e os bichos tomaram o poder, um novo sistema e uma nova política foram instaurados.

Dentre os animais da granja, os porcos eram os mais inteligentes e ajudaram a orquestrar a luta contra os humanos que eram os donos do lugar. Agora, com o poder em suas patas, os outros animais começaram a trabalhar, enquanto os porcos ficaram apenas na organização.

Ao final da revolução, os suínos estavam sentados à mesa, comendo e bebendo com os humanos que juraram combater, enquanto os animais, que trabalhavam diariamente para manter toda a produção de alimentos do lugar, morriam pouco a pouco.

Quitéria, a égua sábia, pede a Benjamim, o burro, que leia na parede Os Sete Mandamentos da Granja dos Bichos. Ao ler, Benjamin se dá conta de que, agora, o único mandamento que havia era: "Todos os bichos são iguais, mas alguns são mais iguais que outros."

Essa fábula[3] orwelliana foi publicada pela primeira vez em 17 de agosto de 1945 e, por incrível que pareça, ainda cai bem como alegoria.

As revoluções no campo da tecnologia aconteceram, a internet nasceu, as primeiras lojas virtuais surgiram, os CDs e DVDs foram substituídos pelos *streamings* de filmes, séries e músicas, etc. Contudo, algumas coisas continuaram as mesmas: "alguns bichos ainda se consideram mais iguais que os outros". Para piorar, fazem com que você sustente todo o empreendimento milionário deles. Isso acontece, claro, de forma velada e implícita.

Essa é a raiz do que eu chamo de "O Grande Esquema" — as taxas sobre as vendas. Plataformas do tipo *só-paga-se-vender* cobram uma "pequena taxa" sobre cada venda que você faz nessas plataformas.

Eles chamam isso de "comissão", "*revenue share*", "taxa de conveniência" e similares.

Eu chamo de "roubo".

Quanto mais você vende, mais eles ganham pelas vendas efetuadas nas plataformas. É o mesmo que dizer que eles lucram a partir do seu lucro, embora a única função deles seja processar o pagamento das vendas. Você faz todo o resto: desenvolve o produto, cria a estratégia, contrata copywriter, treina um social media, chama o designer, bota verba na mão do gestor de tráfego, cria as páginas de vendas e elabora a estratégia de recuperação de vendas abandonadas. Como diz um amigo meu, essa é a famosa "Parceria Caracu": um entra com a cara e o outro, bem... você já sabe.

---

[3] *A Revolução dos Bichos* é uma fábula satírica escrita por George Orwell em 1945. A obra faz uma crítica alegórica ao totalitarismo, inspirada especificamente na Revolução Russa e na subsequente ascensão do regime stalinista, mostrando como o poder corrompe e transforma as utopias em tiranias.

Empreendedores, ou seja, aqueles que estão ainda criando seus negócios, às vezes demoram a perceber o erro. Mas os empresários sabem que o faturamento precisa crescer exponencialmente, enquanto os custos devem crescer de forma linear. Qualquer custo que aumente proporcionalmente ao faturamento deve ser cortado o quanto antes.

Vamos entrar um pouco mais na toca do coelho e ver até onde isso nos leva, Neo...

Começamos pelo cálculo da porcentagem cobrada sobre a venda. Digamos que você venda o seu produto digital ou ingresso a R$ 100, e que a plataforma cobre um percentual de 9,9% sobre cada transação feita. Teremos um resultado final de R$ 89,01 em sua conta, e o restante é destinado à empresa que hospeda o seu produto.

Parece inofensivo, mas não é bem assim.

Estamos falando apenas de um ticket baixo e uma única venda como exemplo. Se aumentarmos o ticket para R$ 397 e descontarmos a taxa de 9,9%, teremos R$ 357,69. Quase R$ 40 descontados de uma única venda. Se passarmos para o ticket médio de R$ 597, com a mesma taxa, teremos R$ 537,89, um desconto de R$ 59,10.

Elevando um pouco o nível, digamos que seu produto seja vendido a R$ 997, e que você fez cerca de 50 vendas. Isso dá um total de R$ 49,850.00. Aplicando a taxa de 9,9%, sobra um total de R$ 44.914,85. Um desconto absurdo de R$ 4.935,15 do seu faturamento total.

Agora, suponha que o seu faturamento médio mensal seja de R$ 49.850,00 e que você esteja vendendo pela plataforma *só-paga-se-vender* há um ano. O cálculo é simples: pegue o seu faturamento mensal e multiplique por 12 e, ao final, faça o desconto total pela porcentagem da plataforma. Teríamos cerca de R$ 598.200,00 de faturamento anual. Aplicando a taxa, fica R$ 538.978,02.

São cerca de R$ 59.000,00 por ano que a plataforma ganha com as suas vendas. E olha que nem estamos contabilizando os juros pagos pelo comprador no parcelamento com cartão de crédito, tampouco a questão fiscal – o vendedor deve emitir a nota sobre o valor total pago pelo comprador. E ainda tem 30 dias para sacar pagamentos feitos com pix ou boleto e ainda pagar 9,9% sobre essas vendas. Isso é um roubo descarado!

Agora, enfatizo: o que você faria com todo esse dinheiro se ele ficasse em sua conta? Se a cada mês você salvasse os R$ 5.000,00 em sua conta e juntasse esse dinheiro por 10 meses, teria R$ 50.000,00 ao final. É coisa para caramba! Uma pena que esse dinheiro não fique com você, mas com a plataforma que você escolheu se associar para vender (entra aqui o meme do velhinho com sorriso nervoso).

A questão agora é outra: por que esse dinheiro todo não vai para a sua conta no final do mês? Não é óbvio? Você precisa financiar a plataforma e enriquecer ainda mais os donos delas. "Delas", no plural, porque não se trata de uma plataforma específica. Não! A verdade é que todas as plataformas *só-paga-se-vender* se omitem de criticar umas às outras e apontar seus erros.

Isso é o que eu realmente chamo de "O Grande Esquema". Empresas que atuam no mesmo mercado e exploram, por meio das taxas, os empreendedores digitais que, por sua vez, arcam com todos os custos relacionados ao seu produto: produção, vendas, marketing e tudo mais.

Ou seja, as plataformas se calam e se omitem diante da verdade porque sabem que o que fazem é um grande esquema para conseguir enriquecer através do esforço de terceiros. E não se engane: o terceiro de que estou falando é você, produtor digital, empreendedor ou vendedor de ingressos online.

Você é o "bicho" que é "igual aos outros", mas não tão "igual". Você é, no fim, o produto que as plataformas *só-paga-se-vender* vendem para o público e, com isso, exploram seus ganhos. E o ciclo continua: basta alguém ganhar um pouco mais de dinheiro para, subitamente, criar a própria plataforma *só-pague-se-vender*. Como num passe de mágica, essa pessoa deixa de ser explorada e se torna mais um explorador. É a proliferação dos porcos, de modo que o jogo do poder muda de mãos, mas o sistema de exploração permanece o mesmo.

"Mas, André, as plataformas desde o começo fazem isso. Por que você está dizendo que isso é um esquema?"

É simples: como expliquei anteriormente, esse tipo de cobrança sobre as vendas lá no início fazia algum sentido, tendo em vista os altos custos com tecnologia e burocracia para tornar as transações possíveis no universo virtual. Hoje em dia, essa não é mais a realidade Os custos com tecnologias, integração entre bancos e produtores digitais são muito menores do que há dez anos.

Aqui está a "pílula vermelha", "o final da toca do coelho", "o outro lado do espelho de Alice": se os custos são baixos, por que as plataformas continuam utilizando um método antigo e ultrapassado de cobrança sobre os produtos? A pergunta é retórica, porque você já sacou!

É uma verdade difícil de engolir, eu sei. Tem um gosto amargo, mas ela te traz para fora da Matrix, para uma nova realidade onde você pode realmente se tornar livre e dono do seu negócio, do seu faturamento e, principalmente, do seu lucro.

Acredite, estamos apenas começando.

DICA DO AUTOR

Comece a repensar agora sua relação com intermediários sanguessugas

Um dos maiores erros que empreendedores digitais cometem é aceitar como normais as taxas abusivas cobradas por plataformas intermediárias. Mas o que define uma taxa abusiva? Qualquer valor que excede o praticado por um processador de pagamento comum no mercado pode ser considerado abusivo. Esses intermediários, que cobram uma porcentagem sobre cada venda, funcionam como governos que pouco contribuem, mas sempre garantem sua parte – independentemente do sucesso ou fracasso da operação. A cada vez que você paga essas taxas, está sacrificando uma parte considerável do seu faturamento. Para recuperar esses lucros e ter mais controle financeiro, a melhor alternativa é escolher uma empresa parceira que cobre uma taxa fixa, em vez de percentuais sobre as vendas. Isso torna o custo previsível, facilita o planejamento e permite que você retenha uma parcela maior dos lucros. Lembre-se: quanto menos intermediários, mais você ganha.

O ESPERTO CONTRA O SÁBIO

"Eis a origem da espoliação."
– **Frederic Bastiat**, *economista e jornalista francês*

"Um para você", diz a raposa Fink Fox, com sua cartola na cabeça e um sorriso no rosto. E continua: "Um para mim."

"Dois para você", agora colocando apenas mais um pedaço perto do Pica-Pau. "Um, dois para mim", diz Fink, enquanto coloca dois pedaços em seu prato.

A hilária cena do episódio *Esperto contra Sábio*, do clássico desenho Pica-Pau, é não apenas brilhante do ponto de vista humorístico, mas também do ponto de vista econômico.

Ela prossegue até chegar em seu clímax:

"Cinco para você", expressa a raposa, enquanto coloca o último pedaço de carne no prato de Pica-Pau.

E conclui:

"Um, dois, três, quatro, cinco para mim", e, ao fazer a contagem, Fink Fox começa a tirar do prato de Pica-Pau os pedaços de carne que lhe havia dado pouco antes, deixando-o sem nada e ficando com todo o alimento para si.

Embora a cena seja humorística, ela reflete exatamente a ideia que procuro combater nesta seção do livro: a espoliação do seu patrimônio privado.

Frederic Bastiat, grande economista e jornalista francês do século XIX, em seu famoso livro *A Lei*[4], explicou exatamente o que é a espoliação e quais são as suas origens e causas. "Mas também é verdade que o homem pode viver e satisfazer suas necessidades tomando e consumindo os produtos do trabalho alheio. Eis a origem da espoliação."

Em contrapartida, Bastiat explica que a origem da propriedade é o trabalho do homem que, usando as suas faculdades, quer físicas, quer mentais, sobre os recursos naturais, gera algum tipo de riqueza. Seja no plantio, seja na manufatura, na indústria, etc., a riqueza existente é e sempre será fruto do trabalho do homem. Essa é a origem da riqueza de muitos empresários. Mas não de todos.

A razão pela qual a espoliação existe, segundo Bastiat, é que alguns homens tendem naturalmente a evitar o esforço. Criam sistemas, leis, regras, plataformas, que somente existem para que eles se mantenham no controle do mercado.

É exatamente assim que pensam e agem os donos das plataformas *só-paga-se-vender*. Eles se veem como sócios do seu negócio. E, embora não queiram assinar nenhum contrato de sociedade com você, insistem em participar dos lucros que você obtém e que deveriam ir para o seu bolso.

Não é um modelo de negócio simplesmente genial?

Você arca com absolutamente todos os custos operacionais do produto, da criação até o marketing, enquanto o seu sócio, fora do contrato, simplesmente assiste de camarote. Viagens para Dubai, passeios de iate, jantares caros e festas nos finais de

---

4 Publicado originalmente como *La Loi*, em 1850, o livro apresenta uma defesa apaixonada da liberdade individual e da economia de mercado. Bastiat argumenta que a lei deve proteger os direitos naturais dos indivíduos – vida, liberdade e propriedade – e critica fortemente o uso da legislação para redistribuir riqueza ou privilegiar grupos específicos.

semana sem quebrar com seu negócio. Eis a vida de quem comanda o Grande Esquema das plataformas *só-paga-se-vender*.

O problema dessa "parceria Caracu" é que ela não é uma sociedade acordada entre dois empresários. Ela é imposta por meio de termos contratuais que você deve assinar se quiser utilizar os recursos da plataforma. Ou seja: você é quem está pagando para virar sócio deles. Parece justo, uma vez que você vai vender pela plataforma que eles criaram. Contudo, o que acontece se você não vender nada? Simples: você não receberá absolutamente nada.

"É da natureza dos homens reagir contra as injustiças de que são vítimas", diz Bastiat. E meu intento aqui é exatamente este: reagir contra as plataformas *só-paga-se-vender* e fazer você tomar consciência do dinheiro que deixa nas mão dos donos dessas plataformas.

No capítulo passado, você teve noção de quanto dinheiro deixa de guardar. Como ninguém se atenta para isso, ninguém realmente reage para mudar as regras do jogo. Precisamos começar a expurgar a antiga visão sobre negócios popularizada na internet, principalmente se você é produtor digital ou vendedor de ingressos para eventos, quer online, quer presenciais. É preciso conhecer bem a prisão, os guardas e o diretor antes de dar o primeiro passo rumo à grande fuga e à conquista da real liberdade e ao controle sobre o próprio patrimônio privado que você constrói ao longo da vida.

Quais são as consequências desse modelo de negócio das plataformas *só-paga-se-vender*? São muitas, mas entre elas a principal é o apagar da distinção entre o justo e o injusto da sua consciência. Quando você já não sabe mais o que é certo ou errado, o que é justo ou injusto, o que é bom e o que é mau, qualquer coisa oferecida pelas plataformas, mesmo que seja apenas *pão e circo*, funciona para te manter controlado.

Se você não é dono de 100% do seu faturamento, então não é dono de 100% do seu negócio. E se você não é dono de 100% do seu negócio, você não é livre. Assim como a Fink Fox, a contagem que as plataformas fazem é exatamente a mesma. É assim que se enriquece através da espoliação velada e implícita do patrimônio dos produtores digitais que assinam o contrato.

Naturalmente, só se pode se indignar quem, como eu, passou a ter consciência das regras do jogo das plataformas. A maioria não tem consciência disso e continua sustentando as plataformas mês após mês, ano após ano, década após década.

Eles são sócios do seu negócio, mas não querem fazer nada por ele ou por você. Exceto, talvez, te dar uma plaquinha emoldurada por bater metas de vendas. Algo que, a meu ver, é muito semelhante às bonificações que as empresas dão aos seus melhores funcionários: um quadro de funcionário do mês com a foto na parede ou um joguinho de Tupperware.

Precisamos expurgar a consciência dos antigos erros e esquecer o antigo modelo de negócio que não funciona na nova economia. As inovações tecnológicas, que não cessam de acontecer dia após dia, barateiam mais e mais os custos operacionais que produtores digitais e vendedores de ingressos possuem com seus negócios online. Você só não sabe disso.

Melhor: você não sabia, até agora. Com este livro em mãos, você ficará munido de argumentos e estratégia para defender o seu patrimônio privado da espoliação perpetrada pelo Grande Esquema. Aliás, esta é uma boa hora de mostrar o....

PEQUENO GUIA ANTIMANIPULAÇÃO

Durante o período conhecido como alto Império Romano, eram organizados banquetes e eventos públicos e gratuitos, com teatro, corridas de cavalo e os famosos jogos gladiatoriais. O Coliseu era frequentado tanto por membros de posições sociais mais elevadas no Império quanto pela plebe, a camada social mais baixa. Contudo, esse pequeno costume, bancado pelos imperadores, tinha como pano de fundo uma estratégia oculta de manipulação muito poderosa: a política do pão e circo!

O objetivo dessa política era simples: apaziguar a população, principalmente a plebe, por meio da promoção dos grandes banquetes, festas e jogos esportivos, assim como a distribuição alimentar. Em troca, os governantes eram capazes de manipular mais facilmente o povo.

Isso não é diferente das técnicas de persuasão utilizadas hoje em dia no marketing. Você com certeza conhece muitas e deve utilizá-las em suas copies e estratégias de vendas. O problema é que apenas conhecê-las não garante a você imunidade contra seu uso. Ou seja: o fato de você conhecer o "gatilho da reciprocidade" não garante que você não vá cair nele em algum momento.

As plataformas sabem disso e usam a estratégia do pão e circo com você.

Como eu expliquei anteriormente, o jogo das plataformas só-paga-se-vender é o uso de taxas embutidas nas vendas. É lógico, portanto, que quanto maiores forem os números de vendas que você faz, maior o lucro na conta das plataformas. No entanto, lucro maior para as plataformas representa um lucro menor no seu próprio bolso.

Para apaziguar sua possível animosidade, as plataformas te gratificam com uma premiação e reconhecimento, afinal, como nos lembra Dale Carnegie[5], tão profundo quanto nosso desejo por sobrevivência é o nosso desejo por ser reconhecidos. O efeito disso é ainda maior se acompanhado do reconhecimento vem algum tipo de presente, pois isso ativa em você o gatilho da reciprocidade.

Enquanto muitos acreditam que os gatilhos são utilizados apenas no momento da persuasão, manipuladores ávidos por aumentarem seus lucros utilizam estratégias de manipulação mental à luz do dia, abusando das relações de confiança construídas ao longo do tempo.

Por essa razão, eu preparei este bloco com muito cuidado. Eu decidi expor os principais truques psicológicos utilizados por essas plataformas. Está preparado?

Plaquinhas

No contexto das plataformas existem as famosas "plaquinhas de faturamento".

Elas são utilizadas para atender nosso desejo mais íntimo de reconhecimento e nos manter mansinhos. Placas de 10K, 100K ou 1M nos fazem acreditar que alcançamos números extraordinários – e de fato o fazemos –, mas também nos cegam e iludem para o problema da falta de lucro.

O que você prefere: ter mais alguns mil reais sobrando na sua conta ou receber uma plaquinha de reconhecimento que custa menos de 300 reais? Você não precisa acreditar em mim, pode conferir isso com os próprios olhos no Mercado Livre. Você encontra, inclusive, um kit completo de premiação por apenas R$ 222.

Com isso, fazer o cálculo custo-benefício fica fácil: qualquer plataforma pode pagar R$ 200 em um combo de premiação,

---

5   No livro Como Fazer Amigos e Influenciar Pessoas.

enquanto fica com uma boa porcentagem do seu lucro. É um preço muito baixo a se pagar para te manter fiel e manso.

No começo da Digital Manager Guru, nós não tínhamos as plaquinhas. Contudo, alguns de nossos clientes comentaram que talvez fosse legal ter uma plaquinha. Quando entrei em contato com algumas empresas para saber quanto isso custaria, não pude deixar de rir! Os preços variam, mas cheguei em ofertas de plaquinhas a R$ 60. É legal ter impresso e emoldurado um marco alcançado. Mas isso não quer dizer o auge do sucesso como as plataformas só-paga-se-vender fazem acreditar.

Síndrome de Estocolmo

A Síndrome de Estocolmo (Stockholmssyndromet, em sueco) é uma condição psicológica que tenta explicar por que reféns, em algumas situações, desenvolvem um vínculo emocional com seus captores. Ela costuma ocorrer em circunstâncias específicas, como sequestros, situações de reféns ou até em relacionamentos abusivos, nos quais há um claro desequilíbrio de poder.

O mesmo princípio pode ser aplicado à forma como muitos de nós nos apegamos a certas coisas — como um carro antigo cheio de problemas, que constantemente precisa de trocas de óleo, reparos nos pneus, na caixa de marcha etc. Apesar dos transtornos, acabamos criando um vínculo emocional que nos impede de trocar por algo melhor.

Esse tipo de apego também pode acontecer com plataformas de negócios. Muitos empreendedores se veem presos a um marketplace, não porque ele seja a melhor opção, mas por estarem habituados ou por medo da mudança.

Essas plataformas, sabendo disso, acabam se aproveitando ao impor taxas abusivas, mantendo os negócios dependentes e sugando seus lucros, em vez de permitir que você retenha uma parte maior do valor que gerou.

Fomo

Uma emoção bastante comum e muito utilizada em cartas de vendas e campanhas de marketing, FOMO, sigla para Fear Of Missing Out ("Medo de ficar de fora") também é uma das principais formas de manipular pessoas a fazerem o que você quer que elas façam.

Embora seja comum utilizar essa emoção com o surgimento de novas tendências ou de novas descobertas, o medo de ficar de fora também pode aparecer quando somos deixados de fora de um grupo, de uma reunião, de uma equipe etc.

No caso das plataformas, essa emoção pode aparecer na forma de perda de convites para eventos, perda de networking e contatos importantes, entre outros. Uma forma bastante forte de persuasão e controle mental, que aposta na necessidade humana de criar relações de interesse.

FOMO também está associado ao medo de arrependimento, principalmente o de perder uma oportunidade de ganho (dinheiro, contatos, trabalho etc.).

Medo de perder Vs. Desejo de ganhar

Victor Schwab, em seu livro How To Write a Good Advertisement[6], explica que, durante a escrita de uma peça de copy, o apelo ao "medo de perder" pode, com certa frequência, superar e muito o apelo ao "desejo de ganhar".

No mundo do marketing, as emoções governam as decisões. Isso se aplica não apenas aos nossos clientes, mas também aos vendedores. Somos todos consumidores e produtores, afinal.

Nossos medos vêm, em boa parte, de crenças que somos programados a acreditar. Ao longo da primeira seção, você pôde

---

6   How to Write a Good Advertisement: A Short Course in Copywriting. Echo Point Books & Media; Illustrated edition (4 jul. 2013).

ler sobre as taxas utilizadas pelas plataformas para lucrar em cima das suas vendas. Em contrapartida, apresento outra solução, a Digital Manager Guru, que possui os mesmos recursos que a maioria das plataformas e vai até além de ser apenas um checkout ou marketplace, tornando-se uma ferramenta indispensável para a gestão do seu negócio online.

É claro que você é capaz de pesar as vantagens e desvantagens para o seu negócio, mas as plataformas continuamente apostam no medo para controlar suas decisões. Para fazer com que você continue com eles, apostam no "medo de perder" e o induzem a acreditar que, se você migrar para qualquer outra plataforma ao invés de continuar com eles, seus lucros serão prejudicados.

Nesse momento, o medo de perder ativa em sua mente.

Então você passa a desconsiderar outra opção, mesmo que ela seja claramente mais vantajosa para você. Nosso desejo por ganhar nos influencia até certo ponto nas tomadas de decisões, mas o medo de perder o que temos quase sempre se sobrepõe e nos desvia de lucros mais altos.

Você avalia os riscos entre os ganhos e as perdas, o que é muito racional de se fazer. No entanto, você já está perdendo e, conforme suas vendas aumentam, você perde cada vez mais. Ao apostar em uma plataforma com custo fixo, você aumenta seus lucros sem aumentar os gastos.

Síndrome do Impostor

Ouvi certa vez de um produtor digital, que estava procurando um marketplace para seu produto, que somente empresas de "6 dígitos" podiam usar a Digital Manager Guru. Isso, é claro, foi o que ele ouviu de outros produtores que vendem nas outras plataformas.

Existem dois problemas fundamentais aqui: o prirneiro é a falsa impressão em relação à plataforma; o segundo, em relação à comparação com outros produtores.

Nosso plano mensal mais barato, chamado de Aprendiz, possui mensalidades a partir de R$ 300 e você pode processar até 600 vendas por mês. Esse plano foi criado para negócios que já superaram o estágio inicial e que desejam automatizar sua operação e impulsionar suas vendas ainda mais.

Quanto ao segundo ponto, a comparação com produtores digitais que já fazem 6 dígitos ou mais, trata-se da Síndrome do Impostor. O ato de se comparar com outras pessoas pode fazer com que você se veja como uma "fraude". De acordo com a Universidade Dominicana da Califórnia, aproximadamente 70% das pessoas sentem-se uma "fraude" em algum momento de suas vidas.

A característica principal da Síndrome do Impostor é a experiência individual baseada em uma autopercepção de falsidade intelectual. Acredite ou não, mesmo grandes personalidades não escapam de sofrer com isso: o ator Tom Hanks e o grande astronauta americano Neil Armstrong já falaram abertamente sobre suas experiências com esta síndrome.

Instinto de rebanho

Comumente chamado de "efeito manada", o instinto de rebanho é um dos truques de manipulação psicológica mais utilizados em nosso meio. Afinal, se todos estão usando "aquela" plataforma, independentemente das suas desvantagens, deve ser mais seguro para você "ir com as outras".

Isso acontece porque é muito mais fácil acreditar que milhares ou milhões de pessoas não podem estar erradas, o que ativa em nós o reflexo interno e instintivo de "gado" que existe em nossa mente.

Como o ser humano lutou desde sempre pela sua sobrevivência, e para isso formou grupos, ele entendeu que era mais fácil de sobreviver se houvesse um número cada vez maior em seu grupo.

Faz parte da nossa formação psíquica mais primitiva.

Com efeito, desejamos ser aceitos por grupos, tribos etc., e acabamos seguindo a multidão — mesmo que ela esteja errada. Antigamente, no Brasil, em época de eleição, muitos candidatos compravam votos com promessas ou dinheiro, e esses votos comprados foram chamados de "votos de cabresto". A prática, como se vê, é apenas uma nova roupagem para o bom e velho pão e circo romano.

Viés de confirmação

O viés da confirmação é um dos truques psicológicos mais sutis e poderosos usados para manipular o comportamento de consumidores. Ele ocorre quando as pessoas tendem a buscar, interpretar e lembrar apenas as informações que reforçam suas crenças ou percepções preexistentes, enquanto ignoram ou desconsideram dados que possam contradizer essas ideias.

As plataformas tradicionais de vendas online tiram proveito desse viés ao criarem narrativas positivas que glorificam os casos de sucesso. Por exemplo, ao exibir histórias de empreendedores que obtiveram resultados expressivos usando determinada plataforma, a empresa reforça a crença de que essa é a única forma confiável ou eficiente de alcançar sucesso. Os usuários que já acreditam no valor da plataforma são continuamente alimentados com esse tipo de conteúdo, o que reforça sua confiança e reduz a probabilidade de questionarem se estão realmente obtendo o máximo de benefício possível.

Além disso, a plataforma pode filtrar e personalizar o conteúdo que o usuário vê, reforçando ainda mais suas expectativas. Se você acredita que um marketplace específico é a melhor opção, a plataforma vai mostrar dados que suportam essa visão: resultados de vendas, depoimentos positivos, e mensagens que reforçam a ideia de que "todos estão fazendo sucesso aqui".

Nesta seção, você viu que é fácil se acomodar nas promessas de conveniência, conforto e segurança que as plataformas te vendem. Elas parecem oferecer um caminho sem resistência, mas a que custo? Hoje, ao colocar a cabeça no travesseiro, lembre-se que a liberdade econômica e a autonomia empresarial são muito mais valiosas do que qualquer "plaquinha de reconhecimento" ou promessa de suporte conveniente. Para empreendedores que buscam crescer de verdade, a opção de se libertar dessas amarras não é uma escolha trivial – é uma decisão transformadora.

PARTE 2
HISTÓRIA DE SUCESSO

Em *O Apanhador no Campo de Centeio*, o Professor Antolini aconselha ao jovem Holden Caulfield: "Muitos homens, muitos mesmo, enfrentaram os mesmos problemas morais e espirituais que você está enfrentando agora. Felizmente, alguns deles guardaram um registro de seus problemas. Você aprenderá com eles, se quiser. Da mesma forma que, algum dia, se você tiver alguma coisa a oferecer, alguém irá aprender alguma coisa de você. É um belo arranjo recíproco. E não é instrução. É história. É poesia."

Assim como Antolini, acredito que cada experiência humana guarda lições que podem servir a outros. Minha trajetória como empreendedor é marcada por desafios, fracassos e algumas vitórias, e é justamente ao compartilhar essa caminhada que encontro sentido. Nesta seção, quero abrir um pouco mais da minha história – os altos e baixos que vivi, os erros que cometi e os aprendizados que tirei. Talvez você esteja enfrentando algo parecido agora, ou talvez seja a inspiração que precisa para avançar em sua jornada. Essa troca de experiências é, ao fim e ao cabo, um gesto de humanidade, e espero que o que eu tenho a oferecer aqui possa ajudá-lo em algum aspecto, como muitos outros já me ajudaram.

ALGO SEMELHANTE À JORNADA DO HERÓI

"Eu sempre recomendo aos meus alunos: vão aonde o seu corpo e a sua alma desejam ir. Quando você sentir que é por aí, mantenha-se firme no caminho, e não deixe ninguém desviá-lo dele."

— **Joseph Campbell**, escritor, pesquisador e professor

Se você conhece a Jornada do Herói, popularizada por Joseph Campbell, sabe que ela começa com um "chamado" — algo que nos arranca do mundo comum e nos lança rumo ao desconhecido. Para mim, esse chamado veio disfarçado de um presente de aniversário aos 18 anos: um emprego em uma agência de viagens, cuidadosamente preparado por minha mãe. Até aquele momento, minha vida tinha sido relativamente confortável, ainda que marcada por vácuos emocionais devido ao divórcio dos meus pais, que me prepararam, talvez involuntariamente, para uma vida de resiliência. Mas vamos voltar um pouco no tempo...

Nasci em um subúrbio da Cidade Maravilhosa, Rio de Janeiro, e fui criado por minha mãe, Dona Terezinha Cruz, após a separação dos meus pais, que ocorreu quando eu ainda era pequeno. Cresci ao lado da minha irmã mais velha, que, por ser a primeira filha e menina, muitas vezes parecia ter certas vantagens. Minha mãe, dura e resoluta, garantiu que nossa educação fosse rigorosa. Ela não era do tipo que demonstrava carinho abertamente, mas seu amor se manifestava através da disciplina. Eu me lembro claramente do dia em que ela me presenteou com um despertador: "Agora, você já está grandinho. Se vira para acordar e ir à escola sozinho!"

Minha mãe também não era do tipo que preparava o café da manhã. Se eu quisesse sair para a escola alimentado, era eu quem tinha que providenciar algo para comer. Desde cedo, tive que aprender a me virar, e hoje compreendo os motivos dela. Minha mãe também havia sofrido abandono – deixada pela minha avó, foi criada por uma tia que a tratou como filha, mas o buraco deixado por essa ausência materna nunca se fechou completamente. Ela seguiu o que conhecia, criando a mim e à minha irmã para sermos resilientes.

Entre as lições que ela nos ensinou, a honra era uma das mais importantes. "Se você faz um trato, honre-o", dizia. Aliado a isso, o colégio de freiras que frequentei durante boa parte da minha vida ajudou a consolidar uma formação tradicional e disciplinada.

Eu me lembro bem de um episódio específico em que minha mãe deixou clara essa necessidade de cumprir deveres. Havia uma feira de ciências no colégio, e eu estava ansioso para participar. Naquele dia, eu tinha educação física logo pela manhã, e precisava acordar às cinco da manhã para pegar o ônibus. Mas acabei não conseguindo. Quando finalmente me levantei, minha mãe perguntou, desconfiada: "Você não tem educação física hoje, André?" Eu respondi de forma desinteressada: "Tinha, mas não fui." Com um olhar firme, ela decretou: "Então pode esquecer a feira de ciências."

Tomado por um espírito de rebeldia adolescente, retruquei: "Eu vou, sim!", e bati a porta ao sair de casa, convencido de que estava no controle. Ela chegou primeiro no colégio, entretanto, e quando me aproximei, lá estava ela, me esperando, com aquele olhar sério. "Entra e fica calado, para não fazer vexame na frente dos seus amigos." Aquele foi um dia de bronca memorável: "Se você não faz a obrigação, não tem a devoção." Aprendi que, por mais que tentasse, minha mãe sempre estaria um passo à frente.

Apesar de rígida, havia um certo equilíbrio na postura de Dona Terezinha. Ela nos dava liberdade em certas situações, contanto que respeitássemos suas regras. Tínhamos uma casa de praia em Piratininga, Niterói, e eu podia ir para lá quando quisesse, mas com uma condição: a casa deveria estar sempre impecável. Nunca ousei quebrar essa regra.

Essa filosofia também se aplicava à escola. Eu era o típico aluno do fundão, brincalhão e bagunceiro, bem distante do que se espera de um estudante modelo. Minha mãe sabia disso e me deu um aviso claro: "Se repetir de ano, vai para o colégio público." Nunca quis pagar para ver.

Meu pai, Fernando Lado Cruz, era engenheiro civil e executivo em uma empresa de papel e celulose. Sempre reservado, envolveu-se pouco na minha criação. Ele costumava dizer que só me educaria se eu fosse morar com ele. Aos 14 anos, aceitei o desafio, mas logo ele percebeu que não sabia lidar comigo e me enviou para um colégio interno – o Instituto Petropolitano Adventista de Ensino – onde passei um ano.

A experiência no colégio interno me trouxe valiosos aprendizados. Eu que até então não sabia sequer varrer ou arrumar meu quarto, toda sexta-feira era obrigado a deixar tudo em ordem. Também tínhamos atividades "educativas" – trabalhar na marcenaria, cuidar da horta e do estábulo. Foi nesse ambiente e contexto que percebi que tinha facilidade em fazer conexões. Eu me destacava nas atividades em grupo e, com o tempo, essa habilidade me levou a funções mais leves, como supervisionar o pátio e acompanhar alunos que precisavam cumprir castigo.

Hoje sou grato pela educação que tive. Minha mãe, que vivia de herança e tinha diversos negócios, sempre garantiu nossa estabilidade. Meu pai também nos proporcionou conforto. É verdade que o divórcio deles me afetou, mas, sinceramente, não posso reclamar. Ambos foram exigentes e me prepararam para o futuro, o que se mostrou crucial quando completei 18 anos.

Foi nessa idade que minha mãe veio com a notícia: "André, agora você tem um emprego." Esse foi meu presente de aniversário: uma vaga em uma agência de viagens onde minha irmã já trabalhava. A agência pertencia a um argentino chamado Ariel, e comecei ali, trabalhando com tecnologia no começo dessa era digital. No mesmo ano, consegui meu primeiro carro.

Trabalhar na agência de viagens marcou o ponto de partida para a minha verdadeira jornada. Foi o meu "chamado" para a aventura, que me tirou do "mundo comum" e me fez perceber o valor das lições de disciplina, honra e trabalho duro. Aquilo que parecia ser apenas um emprego simples logo se mostrou o início de uma trajetória transformadora.

Na agência, compreendi que a vida adulta vai muito além de simplesmente cumprir regras e expectativas. A verdadeira Jornada do Herói começa quando saímos do conforto conhecido e encaramos o desconhecido de peito aberto. Aquele trabalho foi mais do que um emprego — foi o primeiro passo para descobrir quem eu realmente era e para entender que o crescimento só vem quando estamos dispostos a abraçar a incerteza e a enfrentar nossos desafios de frente.

DICA DO AUTOR

Seja grato, mas não prisioneiro

A gratidão é um combustível poderoso — ela nos motiva e nos ajuda a reconhecer nossas conquistas. Contudo, há uma linha tênue entre ser grato e se tornar prisioneiro. Não confunda gratidão com acomodação. Assim como na Síndrome de Estocolmo, podemos nos apegar excessivamente às circunstâncias que nos trouxeram até aqui, mesmo que ela esteja nos fazendo mal, e esquecendo que novos desafios exigem novas ferramentas. Seja grato pelo que o levou até onde está, mas tenha clareza de que a jornada não termina ali. Grandes empreendedores sabem que cada nível de sucesso requer novas estratégias e recursos. Reconheça o passado, mas mantenha seu foco no próximo passo.

A FANTÁSTICA FÁBRICA DE POBRES

"Para nos mantermos bem é necessário comer pouco e trabalhar muito."

— **Aristóteles**, *filósofo e polímata*

Pulamos para o ano de 1999. Com 24 anos recém-completados, eu começava a trabalhar com marketing de rede — algo totalmente diferente das minhas experiências anteriores em agência e recorte de vinil. A empresa em questão era a Alpha Club, um clube de turismo que fechava cerca de 2 mil contratos por semana, cada um a R$ 3.800, gerando um movimento financeiro de R$ 7,6 milhões por semana. Eu era o responsável por toda a movimentação financeira. Em um dia específico, fui ao banco fazer um depósito tão volumoso que foi rejeitado — o banco me informou que não poderia recebê-lo sem a presença de um carro-forte.

Foi nesse ambiente que o meu despertar para o desenvolvimento começou. O dono da empresa, o inglês Thomas, estava com dificuldades com a equipe de informática. Ele conhecia minha irmã, que mencionou meu interesse em tecnologia. Assumi a responsabilidade de ajustar e consertar a estrutura, sem internet e sem recursos modernos, de forma rudimentar. Como dizem os cariocas, "dei meus pulos" e consegui faturar um bom extra com aquele trabalho.

Animado com o impacto positivo que eu estava causando, logo vi outra oportunidade. Na época, a empresa usava uma planilha caótica para calcular o imposto de renda semanal e o ganho da empresa. Perguntei ao chefe se poderia levar a planilha para casa e dar alguns ajustes, prometendo entregar um modelo melhor. Trabalhei na planilha durante a noite, e, ao verem o resultado na manhã seguinte, não puderam deixar de me contratar. Para minha surpresa, fui promovido a diretor administrativo, e toda a parte de desenvolvimento de software passou a ser minha responsabilidade.

Naquele tempo, tudo era mais complicado. A empresa utilizava uma impressora para recibos, outra para cheques, uma pessoa para juntar ambos e, no fim, o dono assinava manualmente todos os cheques. Hoje, isso parece coisa de outro século. Ao olhar para trás, é notável como a tecnologia transformou nossas rotinas, trazendo uma eficiência que antes parecia inatingível.

Mas o que seria da sociedade se não fossem os programadores e desenvolvedores que começaram a identificar esses desafios e se dedicaram a resolvê-los? Graças a essas mentes inovadoras, processos que antes levavam horas agora são realizados em segundos, revolucionando as operações empresariais.

Meu instinto para resolver problemas, porém, já tinha raízes na minha infância. Meu avô, Nadir, costumava me levar ao centro do Rio de Janeiro para comprar miniaturas de aviões e navios de guerra, que eu montava com obsessão. Foi no marketing de rede que percebi que meu cérebro já estava "programado" desde aquela época para lidar com desafios: primeiro a parte de redes de computadores, depois a planilha e, em seguida, análise de sistemas para os desenvolvedores da empresa. Como não acredito em coincidências, creio que era Deus preparando tudo.

Fiquei no Alpha Club até perceber que deveria alçar voos maiores. Depois de um tempo desempregado, consegui um trabalho bacana na Prefeitura do Rio de Janeiro, especificamente na IplanRio – empresa de tecnologia do município. Passei dois anos lá, saindo ao mesmo tempo que recebia a carta dizendo ter passado no concurso público. Em seguida, fui para a DBA Engenharia, sendo alocado na Vivo, no desenvolvimento de sistemas. Com o tempo, ficou claro para mim que a segurança não era o meu caminho; o risco me atraía mais.

Foi também nesse período que percebi algo intrigante: o funcionário público muitas vezes é como um sonho esquecido, e o setor público, junto ao cemitério, são os lugares onde grandes projetos são enterrados. Augusto Cury já escreveu:

> "Nos cemitérios estão enterrados os maiores tesouros da humanidade: as mais belas músicas que artistas nunca compuseram, as poesias e romances que jamais foram escritos, as pesquisas não feitas, as empresas não criadas..."

O funcionalismo público, em muitas ocasiões, faz o mesmo com sonhos e talentos. Conheci pessoas brilhantes que, em troca da promessa de estabilidade, deixaram de lado a possibilidade de criar algo grandioso e optaram pela mediocridade segura.

É o que eu chamo de "A Fantástica Fábrica de Pobres". Não por deixar as pessoas sem dinheiro – muitos servidores ganham bem –, mas por sufocar talentos e assassinar a criatividade. Quando trocamos nossa liberdade de criar, ousar e buscar algo maior por garantias, estamos, na verdade, abrindo mão do nosso potencial. O problema não se restringe ao funcionalismo público, mas a qualquer situação em que a conformidade é mais valorizada que a inovação. O resultado? Uma sociedade onde talentos permanecem inexplorados e sonhos não se realizam, em que ideias promissoras são sufocadas pela sombra do comodismo.

Após deixar a DBA/Vivo e terminar a faculdade, voltei para São Paulo para trabalhar em outra instituição de marketing de rede, agora com uma loja virtual. Lá, atuei como gerente de tecnologia e tive meu primeiro contato com o mercado de pagamentos online. Foi nessa época que conheci a turma da BrasPag, que depois fundou a Stone e outras gigantes do mercado financeiro. Esses momentos foram cruciais para me levar ao ponto onde estou agora, e para definir onde quero levar você, leitor.

Pouco tempo depois, fui escolhido para liderar o projeto IgPay. Eu era visto como especialista no mercado de pagamento pelos fundadores da BrasPag, mesmo sem nunca ter trabalhado para a empresa. O motivo? Minha curiosidade sempre me impulsionou a entender o funcionamento das coisas. Graças ao meu avô e às miniaturas que montava, aprendi a entender as regras dos negócios sem estar dentro deles. Em 2008, quando o IG, que era da Brasil Telecom, foi adquirido pela Oi, o valor do projeto foi drasticamente reduzido de R$ 12 milhões para R$ 2 milhões, o que me deixou extremamente frustrado, fazendo com que o projeto fosse abortado e eu tendo que escolher entre começar novamente do zero ou aderir ao time do Moip.

Durante o período, eu já havia começado em paralelo uma consultoria de e-commerce chamada Biostore, no momento em que o Magento e a indexação no Google estavam em ascensão. Antes disso, o Google não indexava lojas virtuais, e qualquer visibilidade online era um desafio. Aproveitei a oportunidade e negociei uma parceria com a BrasPag, o maior gateway de pagamentos da época. A BioStore se destacou por ser a primeira no Brasil a implementar um Magento adaptado ao mercado brasileiro, trazendo um novo nível de profissionalismo ao mercado.

Dois erros moldaram a minha personalidade, e foram extremamente dolorosos. O primeiro foi escolher um sócio guiado pela ganância, sem critério algum. O segundo foi fechar um contrato com uma grande livraria de São Paulo e não conseguir cumprir o prometido. Esses episódios foram lembretes amargos de que decisões sem clareza e parcerias mal escolhidas não apenas prejudicam os resultados, mas comprometem a nossa integridade.

Esse aprendizado reforça que gratidão é essencial, mas conformidade não é. Precisamos ser gratos por aquilo que nos trouxe até aqui, mas é vital buscar novos recursos e meios para continuar crescendo e alcançar novos níveis. Assim como Aristóteles sugeriu, devemos trabalhar muito, não por conformismo, mas por amor ao nosso potencial, ao que podemos ser.

DICA DO AUTOR

Como se tornar um "hacker" na resolução de problemas

Aqui estão dois conselhos para você se tornar um especialista na resolução dos desafios diários que todo empreendedor ou gestor enfrenta:

Mantenha a mente ocupada com desafios que te motivem. O cérebro foi feito para responder a estímulos e resolver problemas. Pense agora: quanto é 2+2? Mesmo sem verbalizar, o número "4" surge automaticamente em sua mente. Essa é a natureza do nosso cérebro – ele está sempre respondendo a estímulos. Quando eu fiz a pergunta, ele automaticamente respondeu ao estímulo recebido. Quando você se propõe a enfrentar desafios intelectuais ou criativos, força seu cérebro a sair do modo automático, incentivando novas conexões neurais e quebrando padrões rígidos de pensamento. Isso fortalece sua habilidade de pensar de forma crítica e inovadora.

Alimente seu cérebro com uma variedade de conteúdos. Para resolver problemas da vida real de maneira criativa, é essencial expandir seu repertório. Quanto mais insumos diversos você oferecer ao seu cérebro, mais associações inovadoras ele poderá fazer. A criatividade surge da capacidade de conectar ideias distintas, e isso só é possível se você consumir uma gama ampla de informações. Explore diversos campos do conhecimento, leia, estude, questione. Assim, suas soluções se tornarão mais robustas e originais.

Portanto, busque constantemente novos desafios e mergulhe em conteúdos variados. Essa combinação não só fortalecerá sua habilidade de resolver problemas, como também fará de você um verdadeiro "hacker" na arte da inovação e criatividade.

UMA QUESTÃO DE HUMANIDADE

"A suprema felicidade da vida é ter a convicção de que somos amados."
– **Victor Hugo**, romancista, poeta e dramaturgo

"**V**ocê virou um bicho!", disse minha mãe durante o jantar.

Naquela noite, que deveria ser tranquila, a tensão acabou explodindo. O motivo da discussão foi a forma como eu estava comendo – rápido demais, quase ignorando a presença dos outros, como se a comida fosse a última coisa que eu veria em semanas. Minha mãe não hesitou em expressar seu desagrado, e eu, como de costume, não deixei barato. Depois da refeição, fomos dormir. Mais tarde, Michelle me chamou de canto e perguntou: *"Por que você fez aquilo?"*

Essa não foi a primeira nem a última vez que isso aconteceu, mas a simples pergunta de Michelle plantou uma ideia em minha mente: *"Se eu fiz isso com minha mãe, posso acabar fazendo o mesmo com Michelle, e, se isso acontecer, ela acabará me deixando,"* Eu precisava ser uma pessoa mais educada, alguém mais consciente das suas ações.

Pouco tempo depois, voltei para São Paulo e um amigo mencionou que iria fazer um curso chamado *Leader Training* – um programa de desenvolvimento pessoal e profissional focado em habilidades de liderança, gestão e comunicação. Sem pensar duas vezes, pedi para ele me inscrever no próximo. Minha intenção era clara: eu queria compreender o que estava acontecendo comigo, evitar os erros que poderiam afastar Michelle, a pessoa que mais amo na vida.

Aquele foi meu primeiro contato formal com o desenvolvimento humano, aplicando diretamente o que aprendia no meu cotidiano. Os mesmos formadores possuíam outros cursos que me marcaram profundamente, como *Transcendendo os Seus Limites* e *Renascendo com Amor*. Esses conhecimentos me abriram novas perspectivas sobre minhas atitudes e comportamentos, deixando evidente que, se eu não aprendesse a compreender melhor as pessoas, acabaria prejudicando minha vida pessoal.

Foi também nessa época que comecei a estudar sobre Programação Neurolinguística (PNL), coaching e outras áreas do desenvolvimento pessoal. Pode parecer curioso para alguém ligado à tecnologia e às áreas exatas, mas, para mim, tudo isso era como resolver um quebra-cabeça. Assim como busco soluções técnicas para problemas de software, percebi que os seres humanos têm seus próprios dilemas e padrões que podem ser "desbloqueados". Essas ferramentas de autoaperfeiçoamento se tornaram fundamentais na minha jornada.

Após o *Leader Training* e os cursos de PNL, fiz também a formação Dale Carnegie, inspirada no famoso livro *Como Fazer Amigos e Influenciar Pessoas*. Esse curso me ensinou a usar técnicas simples de comunicação, tanto verbal quanto não verbal, para criar conexões genuínas. Foi uma mudança significativa na forma como me relacionava – tanto pessoalmente quanto profissionalmente.

Um momento particularmente transformador foi quando Michelle e eu participamos juntos de um curso de desenvolvimento pessoal. A experiência nos impactou profundamente e marcou o início de uma jornada de autoconhecimento que continuou até Portugal, onde exploramos a hipnoterapia como uma nova abordagem para entender o comportamento humano. A motivação nunca foi vender esses conhecimentos ou fazer disso nossa profissão principal; até tentei me tornar coach, mas percebi que não era o meu caminho. O que eu buscava era entender profundamente o ser humano – algo que, ao longo do tempo, ajudou tanto a mim quanto Michelle a crescer e compreender melhor as pessoas ao nosso redor.

Hoje, consigo entender muito melhor minha família, a Michelle, nossos colaboradores e os empreendedores com quem lido diariamente. Vejo a vida como um ecossistema interligado – nada funciona bem se não houver harmonia em todas as partes. Um trabalhador, por exemplo, não consegue se dedicar ao trabalho se está enfrentando um problema em casa. Enquanto escrevo este capítulo, um ente querido de um de meus colaboradores está em cirurgia devido a uma fratura grave. O que eu poderia falar para ele agora? Cobrar performance? Claro que não.

Precisamos compreender as pessoas e o momento que elas estão vivendo. Sim, a empresa precisa ser produtiva, gerar resultados, e isso é inegável. Mas isso não pode ser feito a qualquer custo. Não se pode tratar pessoas como descartáveis ou usá-las como bucha de canhão. A operação de uma empresa pode ser substituída, mas as pessoas não. Eu sou substituível nas minhas funções – qualquer pessoa competente poderia fazer o que eu faço, talvez até melhor. Mas minha existência, quem eu sou, isso é insubstituível.

E por que isso importa para você, leitor?

Porque essa filosofia define o que acreditamos na Digital Manager Guru: *"Nosso cliente é a nossa prioridade, e seus desejos devem ser atendidos por meio das nossas ações e resultados"*. Afinal, são eles que sustentam nossos salários e os de nossos colaboradores. Minha história, por mais pessoal que seja, só vale a pena ser contada se ela ajudar a ilustrar esse princípio. O que aprendi desde aqueles jantares tensos até os cursos e práticas de desenvolvimento pessoal é que devemos colocar a humanidade no centro de todas as nossas ações.

Não estamos aqui apenas para fazer negócios; estamos aqui para fazer negócios com humanidade. Acredito que gostar de pessoas é fundamental – isso me ajuda a construir relacionamentos mais saudáveis, duradouros e eficazes. Quando gostamos das pessoas ao nosso redor, conseguimos nos conectar, entendê-las e colaborar com elas de uma forma muito mais profunda e significativa.

Na área de programação, seguimos regras e padrões para garantir que nossos sistemas funcionem perfeitamente. Cada linha de código se encaixa para assegurar a eficiência e a precisão do que desenvolvemos. Essa abordagem é fundamental para a tecnologia, mas insuficiente quando se trata de relacionamentos humanos. A lógica e a exatidão que são aplicáveis ao código não se transferem para o terreno das emoções e das conexões humanas.

As relações humanas exigem empatia, compreensão e respeito, aspectos que não podem ser programados. Se um código bem escrito pode fazer toda a diferença em um sistema, da mesma forma a maneira como tratamos as pessoas pode transformar o ambiente ao nosso redor. Gosto de lembrar uma frase atribuída a Carl Jung: *"Conheça todas as teorias, domine todas as técnicas, mas ao tocar uma alma humana, seja apenas outra alma humana."*

É isso que acredito e é isso que procuro praticar: ser humano antes de ser qualquer outra coisa.

DICA DO AUTOR

Coloque as pessoas no centro das relações

No mundo dos negócios e na vida pessoal, o sucesso vai muito além dos resultados tangíveis; ele é também medido pela qualidade dos relacionamentos que construímos ao longo do caminho. As pessoas com quem você trabalha e convive diariamente têm suas próprias vidas, emoções e desafios, que impactam diretamente seu desempenho e bem-estar. Um líder eficaz sabe equilibrar a busca por resultados com a sensibilidade humana.

Pergunte-se: estou ouvindo e compreendendo o que essa pessoa realmente precisa agora? Ao tratar as pessoas com empatia e respeito, você não apenas fortalece as relações, mas cria um ambiente de confiança e cooperação, onde os resultados fluem naturalmente. Mais do que isso, há uma felicidade derradeira em fazer da realização dos outros a sua própria realização. Quando você contribui para que as pessoas ao seu redor alcancem seus sonhos, essa contribuição se torna uma fonte genuína de satisfação e alegria.

Afinal, a verdadeira chave para liderar e influenciar não está apenas em dar ordens ou conquistar metas, mas em ser humano e cuidar do outro. Ao fazer da realização dos outros a sua própria, você não apenas se torna um líder melhor, mas também alguém que inspira e é capaz de criar um legado positivo.

TUDO COMEÇA A MUDAR

> *"Aquele que tem uma ideia é um tipo esquisito até que a ideia vença."*
> — **Mark Twain**, *escritor e humorista estadunidense*

Em novembro de 2013, embarquei para Nova Iorque para participar do curso de Tony Robbins, um evento que prometia transformar a mentalidade dos participantes, ajudando-os a desbloquear seu verdadeiro potencial. Foi uma experiência intensa e profundamente marcante. Voltei ao Brasil inspirado, mas ainda sem uma direção clara de como aplicar o que havia aprendido. Passei mais de um ano refletindo sobre a jornada, até que, em 2015, finalmente me aventurei no mercado digital. Foi nesse ano que a janela dos produtos digitais se abriu para mim e eu dei o primeiro passo concreto rumo a uma nova fase da minha vida. Meu primeiro sucesso veio com a promoção do evento "O Lobo de Wall Street", que marcou minha estreia no mundo das vendas online e me levou a me afiliar a diversos outros produtos digitais.

Foi nessa época que tive meu primeiro contato com as plataformas *só-paga-se-vender*. Logo me deparei com um problema: a desorganização dos dados era tão grande que precisei criar planilhas para gerenciar outras planilhas. Era como se o caos típico de um escritório de papéis tivesse se transferido para o meu computador. Eu lançava as vendas em uma planilha, que calculava o ROI, as comissões, e até o que eu deveria gerar de nota fiscal. Aquilo estava longe de ser eficiente.

Chegou um ponto em que minha frustração despertou em mim o desejo de ser o protagonista. Decidi então criar meu próprio produto digital. Mas, para minha decepção, não consegui realizar uma única venda. Esse período coincidiu com duas viagens: uma à Disney, um sonho realizado para minha sobrinha de dez anos, e outra à Califórnia, para o *Traffic and Conversion Summit*. Lá, conheci grandes nomes do mercado nacional de vendas online e fiz conexões importantes. Essas experiências despertaram em Michelle e em mim a ideia de nos mudarmos para outro país, especialmente porque meu pai era naturalizado americano. Iniciei o processo de obtenção do *green card*, mas, por minha idade e por já estar casado, caí para a terceira fila de prioridade.

No ano seguinte, surgiu outra oportunidade inesperada: uma promoção nos permitiu viajar a Paris, com quase tudo pago por milhas. Durante a viagem, encontramos um amigo que conhecemos no curso do Tony Robbins. Ele estava morando em Portugal e nos convenceu a considerar uma mudança para lá, destacando o custo de vida mais baixo, a qualidade de vida superior e a demanda por bons profissionais.

Apenas 20 dias após voltarmos ao Brasil, tomamos a decisão de nos mudar para Portugal. Entre 20 de dezembro de 2016 e 20 de janeiro de 2017, vendemos quase tudo e fomos morar com minha sogra. Passamos três meses em um apartamento de 51 metros quadrados – eu, Michelle, minha sogra, três gatos e quatro malas.

A chegada a Portugal foi uma experiência fascinante. Exploramos a culinária, os vinhos, e tudo o que o país oferecia de novidade. Mas, logo depois da diversão, veio a necessidade de buscar trabalho. Investi em um curso para me reposicionar no mercado de desenvolvimento de sistemas. Como sempre preferi resolver problemas da vida real, escolhi outros exemplos de exercícios em vez dos criados pelo professor.

Assim que comecei o curso, mergulhei de cabeça em tudo o que já sabia sobre planilhas e automação de processos. No terceiro dia, pedi para Michelle comprar um ansiolítico – minha mente estava a mil, e eu temia voltar a ser o "bicho" que minha mãe mencionara no passado. Com dificuldades para dormir, lancei, finalmente, após 54 dias de intenso trabalho, a versão beta da minha criação mais ambiciosa.

Mas vamos voltar para março de 2015, quando meu blog ainda gerava 1.300 visitas diárias, mas eu ainda não sabia como monetizar isso. Até que surgiu uma oportunidade de promover um evento. Resolvi tentar fazer dinheiro com essa base de leitores e enviei um simples e-mail. O resultado? R$ 3.500 em comissões. Um começo modesto, mas que logo cresceria. Comecei a promover outros produtos para o mesmo público e, em um único mês, fiz R$ 36.000. Seis meses depois, já estava fazendo R$ 47.000, e, em pouco tempo, atingi R$ 120.000 mensais.

Mas havia um problema: eu me sentia frustrado com a gestão do meu negócio. Faltavam métricas, relatórios unificados e detalhados. Minhas vendas estavam espalhadas por diferentes marketplaces, e era impossível conhecer indicadores cruciais como o lucro médio e o ticket médio. Além disso, os relatórios do Facebook e do Google Ads não mostravam a quantidade real de vendas confirmadas.

Eu também não conseguia enviar dados importantes de vendas para minha ferramenta de e-mail marketing. Foi aí que decidi criar uma solução melhor. O garoto nerd que montava quebra-cabeças de aviões estava de volta. Comecei a integrar as planilhas do Google Docs com os dados dos marketplaces, gerando gráficos e um painel de controle para minhas vendas. Um ano depois, quando lancei um evento como coprodutor, exibi as informações capturadas no Google Data Studio, permitindo à minha equipe acompanhar as vendas em tempo real com gráficos e estatísticas. Esse foi um dos maiores avanços em termos visuais e funcionais para a gestão do meu negócio.

Olhando para o passado, lembro quando a luz se acendeu. Pensei: quantos outros afiliados e produtores enfrentam os mesmos problemas que eu? Foi nesse momento que tive a ideia de criar uma plataforma que reunisse todos os elementos de gestão de um negócio digital. O objetivo era simples: permitir que produtores, coprodutores, afiliados ou vendedores de ingressos digitais pudessem acessar métricas e gráficos detalhados com facilidade. Assim nasceu a Digital Manager Guru.

A proposta era ousada: rastrear campanhas com confiança, monitorar vendas de forma centralizada, identificar produtos mais vendidos, padrões de compra para marketing direcionado, integrar dados com e-mail marketing e acompanhar o desempenho de afiliados – tudo em uma única plataforma, com poucos cliques. A solução deveria ser simples, útil e totalmente voltada para resolver problemas reais dos usuários.

Graças a essa mentalidade, em apenas 32 dias processamos mais de 1 milhão de reais em vendas confirmadas pela primeira vez. A Digital Manager Guru se tornou a ferramenta da qual eu e tantos outros empreendedores digitais sempre precisávamos.

DICA DO AUTOR

Seja incansável na melhoria de processos

O sucesso de qualquer negócio digital está diretamente ligado à eficiência dos seus processos. Nunca se acomode com o que já está funcionando. Sempre há espaço para melhorar. Ao otimizar cada etapa – desde o rastreamento de vendas até a análise de métricas e campanhas –, você ganha tempo, reduz custos e, principalmente, amplia os resultados. Seja incansável em simplificar, automatizar e inovar seus processos. Quanto mais ágil e eficiente for a operação, mais rápido você alcança seus objetivos. Lembre-se: melhorar continuamente é a chave para manter seu negócio competitivo e sustentável a longo prazo.

O JOGO DA TRANSFORMAÇÃO

"Acredito no que estamos fazendo. Os resultados não mostram onde estaremos no fim."

— **O Homem que Mudou o Jogo**

Em um mundo onde as tradições moldam e limitam as possibilidades, a verdadeira inovação muitas vezes surge de uma visão audaciosa e da disposição para desafiar o *status quo*. Esta é a essência da história de Billy Beane e a revolução silenciosa que ele provocou no *baseball*. O Homem que Mudou o Jogo não fez isso com pompa e glamour, mas com a aplicação meticulosa de dados e uma visão não convencional. O que começou como uma tentativa de salvar um time da irrelevância tornou-se um marco na forma como os esportes são geridos e analisados.

O ano era 2002, e o Oakland Athletics estava enfrentando uma das suas maiores crises. Com um orçamento reduzido e uma equipe que havia perdido vários de seus melhores jogadores, Beane, o gerente-geral da equipe, estava determinado a encontrar uma forma de competir com gigantes financeiros da Major League Baseball. Ele sabia que não poderia competir no campo da forma tradicional, com cheques grandes e contratações de alto perfil. A resposta, pensou Beane, estava em um lugar inesperado: nos números.

Inspirado pelo trabalho de Bill James, um estatístico que havia introduzido o conceito de sabermetria (originalmente SABERmetrics) – a análise estatística do baseball –, Beane decidiu adotar uma abordagem revolucionária. Ao invés de seguir os métodos tradicionais de *scouting* e seleção de jogadores, que se baseavam em intuições subjetivas e análises qualitativas, optou por uma metodologia baseada puramente em dados. Utilizando um conjunto de estatísticas detalhadas, montou uma equipe que, apesar de aparentemente desfavorecida, tinha um potencial oculto que os métodos convencionais não conseguiam perceber.

O desafio de Beane era monumental. Ele precisava convencer sua equipe de que um grupo de estatísticos e analistas poderia substituir a expertise dos *scouts* tradicionais. No início, houve resistência, principalmente dos próprios olheiros e dos técnicos, que estavam acostumados a um modo de operação mais empírico. Contudo, Beane estava decidido a mostrar que *os números não mentem*. Ele usou a lógica implacável dos dados para fazer escolhas, desafiando a ideia de que o talento e a eficácia de um jogador poderiam ser julgados apenas pela aparência ou pelo desempenho em jogos isolados.

O resultado foi surpreendente. Com um orçamento significativamente menor que seus concorrentes, os Athletics conseguiram uma temporada extraordinária, vencendo vinte jogos consecutivos e estabelecendo um recorde que impressionou até os mais céticos. A abordagem de Beane demonstrou que era possível construir uma equipe vencedora com base em uma análise rigorosa e em uma estratégia de gestão baseada em dados, desafiando a forma como o jogo havia sido tradicionalmente jogado e administrado.

O impacto da filosofia de Beane transcendeu o baseball. A sabermetria não só transformou a forma como as equipes de baseball eram geridas, mas também influenciou uma variedade de setores, desde o recrutamento de talentos até a tomada de decisões empresariais. Beane provou que, em um mundo saturado de informações e incertezas, os dados e a análise criteriosa podem fornecer uma vantagem competitiva significativa.

O que Billy Beane fez foi mais do que apenas ganhar jogos de baseball; ele desafiou a forma como pensamos sobre o sucesso e a eficiência. Mostrou que o verdadeiro avanço vem de questionar as convenções estabelecidas e adotar novas formas de ver o mundo. Sua história é um lembrete poderoso de que a inovação não é apenas sobre criar algo novo, mas sobre ver o potencial escondido no que já existe e ter a coragem de seguir por um caminho não trilhado.

Assim, a transformação do Oakland Athletics não foi apenas um marco no esporte, mas um testemunho da capacidade humana de redefinir o jogo e transformar desafios em oportunidades. Essa história nos ensina que a verdadeira mudança vem de uma combinação de visão, coragem e a disposição de enfrentar o status quo com um conjunto de dados em mãos e uma estratégia que desafia o convencional.

É verdade que o clube precisava empregar homens com experiência, só que junto dessa experiência, vinham os sentimentos, a intuição e os instintos com os quais os atletas já estavam familiarizados. Por essa razão, Beane não se permitia sentir emoções sentimentais sobre um jogo, um atleta ou suas experiências pessoais, o que não significa que ele não se importasse com o lado humano de seus profissionais. Na verdade, Billy sentia que muitas vezes precisava combater o passado, tanto nos jogadores quanto nos treinadores.

Esse mesmo sentimento de Billy me moveu à criação da Digital Manager Guru. Nadando contra a maré das plataformas *só-paga-se-vender*, criamos a Guru como uma forma de mostrar que era possível "quebrar o sistema" e mudar as regras do jogo: permitir a lucratividade dos clientes sem ferir nossa missão e nossos valores. Meu objetivo não era apenas desafiar o *status quo*, mas mudá-lo completamente. Eu queria que os especialistas tomassem consciência de que estão sendo roubados pelas plataformas que cobram comissão sobre suas vendas entre troca de serviços que podem ser contratados individualmente a um custo infinitamente menor.

No entanto, desafiar o status quo não é uma tarefa simples ou fácil. Não é como se você pudesse apenas criar uma plataforma e, *boom!* Mudanças significativas de mercado demandam muitos dados para a criação de uma ideia que seja realmente promissora e que cairá nas graças do público. Basta pegar o exemplo da Netflix. Na época em que foi criada, ela disputava com a gigante Blockbuster, uma empresa de 6 bilhões de dólares que dominava o ramo do entretenimento doméstico e, sozinha, possuía cerca de 9 mil locadoras ao redor do mundo.

Leia estas palavras de Reed Hastings, cofundador da Netflix, depois de uma reunião com John Antioco, CEO da Blockbuster na época:

> *"Quando me deitei naquela noite e fechei os olhos, visualizei todos os 60 mil funcionários da Blockbuster explodindo em gargalhadas com nossa proposta ridícula. Claro que Antioco não estava interessado. Por que uma potência como a Blockbuster, com milhões de clientes, receitas consideráveis, um CEO talentoso e uma marca que era sinônimo de filmes em casa estaria interessada em uma aspirante fraca como a Netflix? O que tínhamos a oferecer que eles mesmos não pudessem fazer com mais eficiência?"*

Nesse tempo, a Netflix consistia em uma pequena startup que permitia às pessoas escolherem DVD's em um site e receberem seus pedidos pelo serviço postal dos EUA. Contudo, determinado a levar sua ideia adiante, Reed não desistiu e, "pouco a pouco, o mundo mudou e nosso negócio se firmou e cresceu".[7] Mesmo assim, a Blockbuster ainda era 100 vezes maior que a pequena Netflix. Porém, em 2010, ela declara falência, e em 2019, apenas uma única locadora, localizada em Bend, Oregon, continuava aberta.

Esse é apenas um exemplo de como uma pequena ideia, fundada em dados e observações de mudanças de comportamento das pessoas, pode levar à criação de empresas bilionárias e gigantescas. Facebook, Instagram, Snapchat, WhatsApp, YouTube etc., todas eram pequenas startups que se tornaram gigantes por entenderem e entregarem exatamente o que as pessoas queriam.

Essa é a essência de disrupção que a Guru vem se apoiando nos últimos anos. Não à toa já movimentamos R$ 3 bilhões somente em 2024 (em 2023 foram R$ 1,7 bilhões).

---

[7] *A Regra É Não Ter Regras: a Netflix e a Cultura da Reinvenção.*

DICA DO AUTOR

Desafie o *status quo*... com dados

A verdadeira inovação não vem apenas de desafiar as regras estabelecidas, mas de ter a capacidade de fazê-lo com fundamentos sólidos e dados precisos. Quando todo mundo parece estar seguindo na mesma direção – quando há uma unanimidade sem questionamento – é aí que precisamos ser mais cautelosos. Afinal, como já foi dito, "a unanimidade é burra" e seguir o efeito manada pode facilmente nos levar ao precipício.

Em um mercado saturado ou em meio a métodos convencionais que limitam o progresso, a solução está em adotar uma abordagem analítica e fundamentada, ousando ser diferente. Não se deixe intimidar pelas grandes tradições ou pelos gigantes da indústria; a coragem de ir na direção oposta pode ser o que o mantém longe do abismo e abre novos caminhos.

Use os dados para desafiar essa conformidade. Revele oportunidades escondidas, veja o que os outros não veem, e transforme desafios em vantagens competitivas. Lembre-se: mudar o jogo exige visão, coragem e a determinação de seguir um caminho baseado em fatos e números, não apenas na intuição. A disrupção verdadeira surge quando temos a audácia de questionar o que parece certo para todos e, com base nos dados, traçamos um novo caminho.

ONDE ESTAMOS AGORA?

> *"Quanto maiores são as dificuldades a vencer, maior será a satisfação."*
> — **Cícero**, *advogado e político romano*

Em 2019, o filme *Roma*, produzido pela Netflix, foi indicado ao Oscar de Melhor Filme e conquistou três estatuetas, marcando um momento emblemático na carreira do diretor Alfonso Cuarón. Esse feito não apenas destacou a visão artística de Cuarón, mas também consolidou a Netflix como uma força transformadora no cenário do entretenimento global.

Muito além de seu início como um serviço de aluguel de DVDs por correio, a Netflix se reinventou e expandiu seu modelo de negócios. Em 2024, com mais de 270 milhões de assinantes em 190 países, a empresa se estabelece como uma produtora de conteúdos originais, trabalhando com grandes nomes da indústria. Entre eles, Shonda Rhimes (*Grey's Anatomy*), os irmãos Coen (*A Balada de Buster Scruggs* e *Onde os Fracos Não Têm Vez*), e o renomado diretor Martin Scorsese, que comandou o épico *O Irlandês*, com um orçamento grandioso de 175 milhões de dólares.

Outra gigante do entretenimento, o Spotify, foi lançada em outubro de 2008 como um serviço de streaming de música, podcast e vídeo. Desde então, tornou-se a plataforma de música mais popular do mundo, transformando a maneira como consumimos música. Em 2010, a empresa recebeu investimentos do Founders Fund, com Sean Parker, cofundador do Napster, atuando como conselheiro para ajudar na expansão global. Em menos de um ano, a plataforma já contava com mais de 2 milhões de assinantes pagantes na Europa, um marco que o consolidou como pioneiro tecnológico.

Tanto a Netflix quanto o Spotify não apenas se destacam por sua popularidade global, mas também compartilham um modelo de negócios semelhante: o *subscription business model*, ou "modelo de assinatura". Esse modelo permite que os clientes paguem um valor recorrente — mensal, trimestral ou anual — para ter acesso a uma vasta gama de produtos e serviços sem custos adicionais por unidade consumida.

A Netflix oferece diferentes planos de assinatura, variando conforme os benefícios e funcionalidades desejados. Com um único pagamento mensal, os assinantes têm acesso a milhares de filmes e séries. O Spotify segue a mesma lógica, oferecendo um catálogo completo de músicas e podcasts em troca de uma assinatura, eliminando a necessidade de comprar faixas ou álbuns individualmente.

Esse modelo de negócios, no entanto, não é exclusivo aos streamings. Empresas como a Amazon utilizam o mesmo princípio em seu serviço *Prime*, que oferece benefícios como frete grátis, acesso ao Prime Video, Prime Reading, e o serviço Kindle Unlimited. A Adobe, líder em softwares de design, adota o modelo SaaS (software as a service) com a Creative Cloud, que dá aos assinantes acesso ao Photoshop, Illustrator, entre outras ferramentas criativas, por meio de uma assinatura.

A principal vantagem desse modelo é a previsibilidade financeira, tanto para empresas quanto para clientes. As assinaturas tornam o custo acessível e fixo, permitindo que o usuário tenha acesso contínuo a uma ampla gama de recursos sem a necessidade de pagar individualmente por item ou serviço.

Agora, imagine aplicar essa lógica ao seu negócio digital. Com a Digital Manager Guru, reinventamos o modelo de gestão e pagamento online, oferecendo uma plataforma completa sem cobrar taxas sobre as vendas. Em vez disso, cobramos uma mensalidade fixa, que permite aos clientes acessarem todas as funcionalidades, sem abrir mão de parte de seus lucros. Nossa solução oferece mais de 150 integrações, métricas detalhadas, rastreamento de campanhas, vendas internacionais em diversas moedas, e um checkout que fala a língua do seu público – literalmente, em cinco idiomas.

Além disso, a Guru oferece soluções automatizadas para recuperação de vendas, como envio nativo de e-mails e SMS para finalizar compras abandonadas. Tudo isso sem complicações ou limitações na integração de serviços, permitindo uma operação fluida e eficaz para qualquer tipo de negócio digital, seja ele de produtos físicos, eventos ou conteúdo digital.

A grande diferença entre a Guru e as plataformas de pagamento tradicionais é a nossa filosofia de eficiência e transparência: *make it simple*. Não cobramos taxas abusivas por vendas realizadas, mas proporcionamos um modelo de assinatura que permite uma gestão clara e um crescimento escalável. Com a Guru, o que era apenas um checkout se transformou na melhor forma de rodar o seu negócio online, oferecendo tudo o que você precisa para aumentar suas vendas e maximizar seus lucros.

Esse é o poder de um modelo de assinatura bem aplicado – previsibilidade, escalabilidade e liberdade para focar no crescimento do seu negócio. Nos próximos capítulos, explorarei em detalhes todas as funcionalidades que podem transformar sua operação em uma verdadeira máquina de vendas.

DICA DO AUTOR

Use o poder da receita previsível

Um dos maiores segredos para construir um negócio sustentável é garantir que sua receita seja previsível e crescente. Embora o modelo de assinatura seja uma excelente maneira de alcançar estabilidade, nem todo vendedor tem a possibilidade de aplicá-lo. Nesse caso, o foco deve ser em aumentar o valor vitalício do cliente – ou seja, vender mais de uma vez para o mesmo cliente.

Pode parecer óbvio, mas é muito mais barato e eficaz vender para alguém que já comprou de você do que buscar novos clientes continuamente. A recorrência pode ser uma estratégia, mas existem outras formas de garantir que o cliente continue comprando, como desenvolver uma escada de valor. Ofereça produtos com diferentes níveis de entrega, ajustados para diferentes necessidades e orçamentos. Dessa forma, você mantém o cliente engajado com novas ofertas e soluciona problemas diferentes ao longo da jornada dele.

Ao aplicar estratégias para maximizar o valor do cliente, você não apenas cria um fluxo de receita mais previsível, mas também reduz a pressão de precisar constantemente buscar novos compradores. Lembre-se: prever suas receitas e aumentar o valor vitalício do cliente são passos essenciais para escalar seu negócio com confiança e sustentabilidade.

Nesta seção, mesclei capítulos da minha história pessoal com a jornada de criação de um negócio para ajudá-lo a formar uma mentalidade disruptiva, baseada em dados e inovação constante. Você viu que o caminho para o sucesso não é linear, mas cheio de desafios, aprendizados, e a necessidade de romper com a conformidade para buscar algo maior.

Você aprendeu que a verdadeira mudança começa com a coragem de desafiar os padrões – mas essa coragem deve ser sustentada por uma abordagem sólida e analítica, que se vale de dados para revelar novas possibilidades. Não se trata apenas de mudar por mudar, mas de entender profundamente os contextos e, a partir disso, tomar decisões que têm o poder de transformar um negócio, um setor, ou até mesmo a própria vida.

Também destaquei a importância do lado humano e das relações, mostrando que o sucesso, tanto nos negócios quanto na vida pessoal, não é construído apenas com estratégias ou tecnologia, mas com a empatia e a capacidade de conectar-se verdadeiramente com as pessoas ao seu redor. Um líder eficaz não é apenas aquele que se baseia em dados para inovar, mas também aquele que compreende o momento dos seus colaboradores e parceiros, equilibrando a busca por resultados com a sensibilidade humana.

A capacidade de compreender as emoções e desafios das pessoas com quem convivemos é essencial para construir um ambiente de confiança e colaboração. Vimos que colocar as pessoas no centro das nossas ações nos permite criar um ecossistema mais saudável e, consequentemente, mais produtivo. Isso significa valorizar cada indivíduo não apenas pelo papel que desempenha em um negócio, mas pela sua singularidade e contribuição pessoal.

Assim, ao unir a força dos dados com a valorização do ser humano, estabelecemos um alicerce sólido para a inovação verdadeira – aquela que não apenas desafia e transforma mercados, mas que também respeita e valoriza as relações que sustentam essa transformação. É a combinação de análise precisa e empatia genuína que cria negócios resilientes, impactantes e, acima de tudo, humanos.

PARTE 3
EM NOME DA DISRUPÇÃO

Nesta terceira parte, vamos mergulhar na história da Digital Manager Guru, uma plataforma que nasceu para desafiar o sistema *só-paga-se-vender* e se tornar uma referência em gestão de negócios digitais. Preciso deixar claro, porém: mais do que apenas contar o caso de sucesso de um produto, a intenção aqui é continuar compartilhando lições para que você, empreendedor, possa aplicar em sua jornada.

A Guru é um exemplo vivo de como a inovação disruptiva pode transformar não apenas um setor, mas também a mentalidade e as práticas de quem está nele. Por meio de sua história, você não apenas conhecerá as estratégias e os desafios enfrentados para criar uma solução única, mas também aprenderá como incorporar esses elementos em seu próprio negócio.

Ao explorar as escolhas, as mudanças de rumo, e as decisões estratégicas que moldaram o sucesso da Digital Manager Guru, você terá em mãos um verdadeiro guia sobre como pensar de forma disruptiva, focar na resolução de problemas reais, e construir algo que tenha impacto genuíno no mercado. Mais do que vender nosso peixe, queremos inspirar você a liderar a mudança, a transformar obstáculos em oportunidades, e a viver a disrupção em tudo que faz.

A GURU DO SEU NEGÓCIO ONLINE

"NÓS DESAFIAMOS A CONCORRÊNCIA. NÓS SIMPLIFICAMOS TUDO."

> *"Produto classe A, para um público classe B por um preço classe C."*
>
> – **Flávio Augusto da Silva**, *empresário e escritor brasileiro*

A semente que daria origem à Guru foi plantada em março de 2015, quando Michelle e eu ainda estávamos no Brasil, administrando nosso negócio de vendas de produtos digitais. Mas, como destaquei em um capítulo anterior, gerenciar aquele negócio era um verdadeiro inferno. Faltavam relatórios adequados, e as informações estavam todas espalhadas em diferentes plataformas. Decidir quais campanhas escalar parecia sempre um tiro no escuro, e manter o ROI atualizado era praticamente impossível. Além disso, o envio de dados para ferramentas de nota fiscal, e-mail marketing e outras integrações estava limitado às funcionalidades oferecidas pelos marketplaces.

Eu sabia que deveria haver uma maneira mais eficiente de gerir um negócio online, então comecei a imaginar uma solução que pudesse centralizar tudo isso de forma prática e inteligente. No entanto, o projeto acabou ficando de lado por algum tempo. Foi somente em 2017, durante um período sabático, logo após nossa mudança para Portugal, que a ideia finalmente saiu do papel e comecei a transformá-la em realidade.

Na gênese, identificamos quatro pilares fundamentais que guiariam a construção da plataforma:

1. Aquisição
2. Relacionamento
3. Vendas
4. Gestão

Esses pilares formam a base para qualquer negócio digital de sucesso, permitindo que empreendedores se concentrem no que realmente importa, sem se perder em processos burocráticos (deixe a burocracia para o funcionalismo público, a "Fantástica Fábrica de Pobres"). O projeto inicial tinha como objetivo reunir esses quatro pilares fundamentais de uma operação de vendas online, oferecendo métricas de desempenho de maneira simples e dinâmica.

Sabemos que a sobrecarga de ferramentas distintas pode gerar confusão e desperdício de tempo. Planilhas para organizar outras planilhas, processos redundantes, dados fragmentados... como narrei, já passei por isso, e sei que não é sustentável. Os primeiros *beta testers* relataram uma verdadeira revolução em suas operações. Eles passaram a acompanhar o ROI em tempo real, com os dados das vendas perfeitamente sincronizados com as outras ferramentas que usavam. Não havia mais perda de tempo com tarefas redundantes, planilhas desordenadas ou processos confusos. Pela primeira vez, os gestores tinham métricas confiáveis à disposição para tomar decisões estratégicas, o que trouxe clareza e eficiência para seus negócios.

À medida que crescemos, amadurecemos também a nossa visão e produto. Hoje, somos movidos pela missão de entregar uma solução de vendas robusta, flexível e que maximize os lucros dos nossos clientes. Fizemos parcerias estratégicas com serviços de pagamento e empresas de tecnologia para oferecer uma solução verdadeiramente completa para vendas online. Atualmente, milhares de empresas confiam à Guru suas operações de vendas digitais, aproveitando a vantagem de economizar em taxas de intermediação e operar com flexibilidade.

A *liberdade de escolha* sempre foi um princípio essencial para nós. Permitimos que nossos clientes selecionem os serviços e ferramentas que melhor atendem às suas necessidades, e troquem de soluções sem grandes impactos operacionais. Esse compromisso com liberdade, flexibilidade e eficiência nos levou a estabelecer três princípios centrais para a Guru:

Princípio Nº1 – Developer Free

Construir um negócio digital envolve muitos fatores. Se você tem um produto, naturalmente deseja vendê-lo, certo? Mas para isso, precisa "construir" a loja onde o produto será comercializado. Muitos optam por marketplaces, mas essa escolha pode ser arriscada. Em um marketplace, você está operando em terreno alheio, pagando taxas e cedendo o controle do tráfego que chega até você. Além disso, a qualquer momento, o marketplace pode encerrar sua operação.

Outra opção seria construir sua própria plataforma, mas isso envolve tempo e dinheiro com desenvolvedores. Aqui entra a Guru: oferecemos uma solução completa e personalizada para que você possa configurar seu negócio digital sem depender de uma equipe de TI, tudo em minutos e sem burocracia. A nossa plataforma integra todas as ferramentas necessárias para gerenciar seu negócio, construir relacionamento com o público, vender seus produtos e maximizar seus lucros – tudo em um só lugar.

Princípio Nº2 – Econômico e Justo

Muitas plataformas adotam o modelo *só-paga-se-vender,* mas nós acreditamos que a cobrança por mensalidade fixa é o modelo mais justo. Isso porque você investe tempo, dinheiro e esforço para fazer seu negócio prosperar, e retirar uma porcentagem das suas vendas simplesmente por usar uma plataforma não parece correto. A Adobe, por exemplo, cobra uma assinatura para o uso do Photoshop, mas não retira uma fatia do lucro de cada imagem que você vende.

A Guru foi criada com base na ideia de justiça. Somos facilitadores tecnológicos, não sócios do seu negócio. Não tomamos parte nos seus lucros. Nosso modelo de assinatura fixa permite que você saiba exatamente o quanto pagará pelo uso da plataforma, independentemente do volume de vendas, tornando sua gestão financeira muito mais previsível.

Princípio Nº 3 – Liberdade e Flexibilidade

Acreditamos que você, como empreendedor, deve ter total liberdade para escolher os serviços que melhor atendem às suas necessidades, negociar taxas e modificar sua operação conforme o necessário. Oferecemos uma plataforma aberta que permite essa flexibilidade. Ao contrário de outras soluções, que limitam os usuários a um conjunto fechado de ferramentas, a Guru dá liberdade para você personalizar sua operação digital com as integrações e serviços que preferir.

Quando observamos o cenário atual, vemos muitas plataformas impondo restrições sobre quais serviços você pode utilizar. A Guru rompe com essas limitações, permitindo que nossos clientes configurem suas operações de forma totalmente livre, eficiente e flexível.

A PROPOSTA DE VALOR DA DIGITAL MANAGER GURU

"Nós desafiamos a concorrência. Nós revolucionamos a forma como as transações são feitas. Nosso compromisso é com a simplicidade, a transparência e a eficiência. Tornamos o complicado fácil, o caro acessível, e o impossível, possível. Não apenas participamos do mercado, mas redefinimos suas regras. Nosso objetivo é empoderar empreendedores a alcançar mais, com menos barreiras e mais confiança. Somos mais que uma plataforma; somos uma revolução. E seguimos firmes na missão de transformar o futuro das vendas online."

Como resultado, é normal que produtores digitais precisem recorrer a outras ferramentas externas à plataforma como forma de estabelecer os quatro pilares das vendas em seus negócios. Fora que, muitas vezes, a simples decisão de querer trocar um serviço por outro pode se tornar uma tremenda dor de cabeça.

Afinal, mudar sua operação de lugar pode exigir que você tenha que remontar toda a sua operação do absoluto zero. Para evitar que isso aconteça, a Guru resolveu reunir em um só lugar tudo o que é necessário para fazer você rodar a sua operação de forma livre e flexível, sem impactos profundos em seus negócios e ainda garantindo mais dinheiro no caixa da sua empresa.

Esses três princípios vão ser refletidos, juntos dos quatro pilares, em todos os recursos disponíveis em nossa plataforma.

Cada recurso existe para tornar a sua operação eficiente e lucrativa, eliminando burocracias desnecessárias do seu dia a dia, tornando simples o gerenciamento de informações e tarefas, além de métricas em tempo real sobre seu ROI e outros dados importantes.

Abaixo você confere todos os recursos atualmente disponíveis em nossa plataforma.

Checkout

Uma pesquisa recente da Global Digital Shopping Playbook, de 2022[8], verificou que, no ano de 2021, no Brasil, 52% de todos os consumidores utilizaram seus smartphones pelo menos uma vez em suas últimas compras. Isso representou uma estimativa de cerca de 33 milhões de pessoas.

Isso não foi apenas resultado de uma pandemia que prendeu as pessoas em suas casas. Na verdade, essa é uma tendência comportamental observável na maioria das pessoas hoje em dia: a busca pela facilitação até mesmo durante as compras ajuda na tomada de decisões.

Por esse motivo, nós criamos um checkout de pagamentos otimizado para dispositivos móveis. Ele foi especialmente desenvolvido para fechar o pedido do cliente o mais rápido possível. Assim, nós eliminamos "ruídos"[9] que podem atrapalhar suas vendas.

Nosso checkout também foi pensado para garantir maior poder e flexibilidade para a sua empresa e, para isso, contamos com mais de 30 serviços de pagamento prontos para serem integrados com o seu negócio.

E como foi dito anteriormente, nosso checkout é um recurso disponível em nossa plataforma, que funciona por meio de uma mensalidade fixa. Ou seja: nós não cobramos taxas sobre as vendas efetuadas, somente a mensalidade de nossa plataforma e todos os recursos nela disponíveis.

---

8   https://www.cybersource.com/pt-br/solutions/payment-acceptance/digital-first.html#shoppingindex

9   Ruído: Uma falha no julgamento humano, de Daniel Kahneman.

O checkout da Guru pode ser facilmente integrado no seu processo de vendas, independente do processador de pagamento[10] utilizado, sem causar quaisquer atritos no seu site. Ele também conta com funções de vendas únicas ou recorrentes, ou seja: nosso checkout oferece a possibilidade de adesão por assinatura e cobranças recorrentes, bem como uma venda avulsa única.

Quando o assunto é integração, nosso checkout oferece uma solução robusta e muito completa, além de oferecer diferentes formas de pagamento, como:

- Cartão de crédito
- Boleto bancário
- Pix
- Paypal
- SPEI
- Google Wallet
- Oxxo Pay
- Multibanco
- E outros

DICA DA GURU

Você pode conferir a lista completa de integrações escaneando o QR code ao lado.

---

10 https://pt.wikipedia.org/wiki/Gateway_de_pagamento

Nossas integrações estão separadas em diferentes categorias, como: anunciantes, área de membros, automações, checkout externo, contratos, CRM e marketing, e-commerces, e muito mais.

Outra grande vantagem do nosso checkout é o seu alcance global. Com o checkout da Guru, ampliar o alcance do seu negócio é algo simples, afinal ele pode ser adaptado para seis idiomas diferentes e diferentes países, como Brasil, Portugal, França, Espanha, Estados Unidos e outros.

Com efeito, você pode vender para consumidores brasileiros ou sua audiência internacional sem grandes dificuldades econômicas, como moedas, formas de pagamento ou a barreira da linguagem, afinal nosso checkout trabalha com diferentes moedas (dólar, euro, balboa do Panamá, real, pesos e sol peruano).

O checkout da Guru também te ajuda a potencializar o valor do pedido com 1 clique. Com isso, gerar vendas adicionais e aumentar seu ticket médio oferecendo um produto complementar na página de pagamento ou na confirmação do pedido, é muito fácil de ser realizado. Afinal, com apenas 1 clique seu cliente faz uma nova compra. Isso é possível porque o nosso checkout utiliza os mesmos dados informados anteriormente para gerar a nova compra sem dores de cabeça.

Outra facilidade que implementamos, foi a incorporação do modelo de recorrência com um checkout para adesão de assinaturas. Nosso objetivo era facilitar a vida de empresários que queriam trabalhar com o modelo de recorrência em seus negócios. Para isso, não só facilitamos a integração do modelo de recorrência no checkout como automatizamos as cobranças recorrentes.

Contudo, queríamos que o checkout se adaptasse às diferentes marcas que o utilizassem em seus negócios. Por isso, criamos um checkout com dezenas de opções disponíveis para personalização e o deixamos adaptável à sua estratégia de vendas.

Separamos essas configurações nas seguintes categorias:

- Identidade de marca
- Customização visual
- Precificação e ofertas
- Opções de formulário
- Estratégia de frete
- Processo de checkout

Você pode deixar o checkout com a cara da sua marca e como poderosa ferramenta da sua estratégia de vendas.

Mas não para por aí.

Integrações

Nossas soluções vão além de um simples checkout. Pensamos num produto classe A, por isso investimos muito em criar possibilidades de integração entre nossa plataforma e diferentes ferramentas que um negócio geralmente necessita para gerenciar sua operação.

Contudo, não queríamos que isso se tornasse uma dor de cabeça ou fosse ineficiente, ou que você ficasse preso em processos sobre processos ou até ferramentas para gerenciar ferramentas. Pensamos, então, que a Guru poderia ser a sua suite de gestão empresarial.

Como resultado, hoje você pode conectar diferentes ferramentas e sistemas que já vem utilizando em seu negócio com a nossa plataforma, enviar informações detalhadas e relevantes e automatizar muitos processos burocráticos de sua operação, sem precisar de um desenvolvedor.

Com poucos cliques, você conecta as ferramentas e sistemas que utiliza e mantém os processos de marketing, logísticas e pós-venda integrados de maneira harmônica.

De forma fácil e intuitiva, você pode criar regras de automações e enviar informações para diferentes ferramentas, variando de acordo com a necessidade do seu negócio.

Você também pode automatizar tarefas burocráticas como liberar um aluno na área de membros, emitir notas fiscais ou enviar um SMS. Isso elimina a burocracia da sua operação e a torna muito mais eficiente.

Dentre as opções de integração estão:

- Mailchimp
- Activecampaign
- Google Ads
- Meta
- Woocommerce
- MercadoPago
- E muitas outras

DICA DA GURU

Você pode conferir a lista completa de integrações escaneando o QR code ao lado.

Isso também nos leva a outro ponto importante para qualquer negócio.

Métricas

Toda tomada de decisão envolve o conhecimento de informações relevantes, para que a decisão seja a mais acertada. Chamamos isso de métricas, informações sobre campanhas de marketing, assinaturas, vendas, ROI, tráfego etc.

Sabendo da importância disso para qualquer negócio, nós criamos quatro painéis diferentes: o painel de vendas, o de assinaturas, o de clientes e o de rastreamento. Cada um exerce uma função importante na produção de informações relevantes para o seu negócio.

1. *Painel de vendas*

O painel de vendas tem como objetivo dar uma visão completa e dinâmica do faturamento da sua empresa, além de insights valiosos, como: performance de vendas ao longo do tempo; dias e horários da semana que você recebe mais pedidos; quais são os produtos campeões de vendas; as formas de pagamento preferidas dos seus clientes; taxas de aprovação em cada forma de pagamento; quais os canais de vendas que mais geram resultados; e quem são os seus melhores afiliados.

1. *Painel de assinaturas*

   O painel de assinaturas foi pensado para negócios de recorrência e que trabalham com o modelo de negócio de adesão por assinatura. Com esse painel, você vai compreender facilmente informações como: a geração de receita; a evolução da base de assinantes; o tempo de duração das assinaturas; e a receita gerada pelos assinantes (LTV[11]).

---

[11] Lifetime value, ou valor vitalício.

2. *Painel de clientes*

   Já o painel de clientes fornece uma visão completa dos seus clientes, além de ajudar a reunir informações valiosas e insights sobre: o tempo de fidelização de um cliente; a estratégia de preço do produto; o ticket médio por pedido; e a janela de conversão do lead.

3. *Painel de rastreamentos*

   O painel de rastreamentos é uma ferramenta poderosa na mão do seu time de marketing, uma vez que ele fornece informações importantes que ajudam nas tomadas de decisões estratégias do marketing do seu negócio, informações como: o desempenho de anúncios; conversões de leads; ROI em tempo real; resultados de testes A/B que você fizer.

DICA DA GURU

Você pode conferir a lista completa de integrações escaneando o QR code ao lado.

Plataforma de afiliados

Quando comecei o meu blog, entre 2014 e 2015, eu acabei me tornando afiliado a alguns produtos e os promovia em meu site. Com isso, ajudei no crescimento e nas vendas de outros especialistas, e ainda conseguia fazer uma boa renda com isso.

Hoje eu entendo que um bom programa de afiliados pode crescer um negócio de forma orgânica e bastante acelerada. Eles são como os vendedores de porta em porta, mas sem o incômodo que isso causa nos clientes.

Com o nosso sistema de gestão de afiliados, você consegue acelerar as vendas dos seus produtos e recompensar parceiros que os promovem, sem que precise abrir mão dos meios de pagamento mais vantajosos para o seu negócio. Com isso, você pode oferecer comissões, recrutar afiliados e ser divulgado.

Você pode simplesmente integrar o Checkout Guru a um serviço de pagamento do mercado, desde que tenha suporte a comissionamento, estará pronto para aumentar suas vendas através de uma rede de parceiros que vão divulgar os seus produtos. Graças a essa rede, você recruta afiliados que promoverão sua marca.

Claro que você precisará recompensá-los com comissões sobre as vendas concretizadas, além de poder formar parcerias vantajosas e lucrativas onde todos possam ganhar e faturar mais.

A facilidade na criação e gestão do seu próprio programa de afiliação está na automatização de comissões a embaixadores da marca, influenciadores ou coprodutores. Isso permite que você aproveite ao máximo o poder que o marketing de afiliados possui, de forma que expandir seu negócio seja mais simples.

Para que essa equação de gestão de afiliados funcione, removemos o fator marketplace e deixamos que crie as suas próprias regras. Assim, você pode oferecer uma comissão por venda realizada e aproveitar parcerias ganha-ganha para acelerar seus lucros.

Queremos dar a você o controle total do programa de afiliação do seu negócio, por isso, nós investimos na implementação de algumas features (características) que facilitam a sua vida, como:

- Captar novos parceiros com links de recrutamento.
- Estipular percentuais de comissão.
- Disponibilizar materiais de divulgação.
- Fornecer links para seus afiliados.
- Determinar a validade da indicação.
- Estabelece calendários de pagamentos.
- Aplicar regras de divisão de taxa e responsabilidade de reembolso.
- Conhecer quem são os seus top afiliados.
- Acompanhar relatórios de performances individuais.
- Forneça gratuitamente uma área de gestão com estatísticas, histórico de comissões e links de divulgação.
- Notificação de afiliados por e-mail a cada venda realizada.

> **DICA DA GURU**
>
> Você pode conferir a lista completa de integrações escaneando o QR code ao lado.

Vender seu produto e fazer a divulgação da sua marca através de um programa de afiliados, criado e gerido pelas suas próprias regras, nunca foi tão fácil.

Rastreamentos

"Quase todas as perguntas podem ser respondidas pronta, econômica e definitivamente por uma campanha teste"[12], assim escreve Claude C. Hopkins, autor de *A Ciência da Propaganda*, mostrando que os testes geram informações importantes para o marketing de uma marca.

Acontece que a produção de informações com a revolução da Web se tornou muito mais fácil, simples e constante. Graças a inúmeras ferramentas, é possível obter vários tipos diferentes de dados, desde o ROI de uma campanha até o horário em que alguém efetuou a compra.

Por essa razão, um dos principais recursos da Guru é a gestão de campanhas e rastreamentos. Com ela, você pode monitorar facilmente suas campanhas e descobrir de onde estão vindo suas conversões; comparar o desempenho de diferentes canais e fontes de tráfego; tomar decisões mais assertivas; e aumentar o ROI.

Nossa plataforma é integrada às principais ferramentas de anúncio:

- Facebook | Meta
- Google Ads
- Outbrain
- Taboola

DICA DA GURU

Você pode conferir a lista completa de integrações escaneando o QR code ao lado.

---

[12] A Ciência da Propaganda. Ed. Cultrix, 1966. p. 101.

Com isso, rastrear, otimizar, analisar e escalar suas campanhas e vendas tornou-se muito mais fácil.

Graças às nossas ferramentas, você pode conhecer a origem das vendas e dos leads e acompanhar as métricas de cada campanha em tempo real, do momento em que clicam no anúncio até os cadastros, checkouts, vendas, custos e lucros.

Além disso, utilizando o poder do machine learning[13], você pode descobrir quais ofertas e páginas têm o melhor desempenho em suas campanhas e, consequentemente, pode otimizar cada vez mais suas conversões.

Outra grande vantagem que oferecemos é a substituição de horas de análises em várias ferramentas diferentes por um único e poderoso software de gestão de campanhas. Assim, você compara rapidamente o desempenho de diferentes canais de aquisição. Graças a isso, você pode monitorar o ROI e outras métricas importantes do seu marketing, descobrir o que traz resultados para o seu negócio e decidir com mais confiança onde alocar seus investimentos durante as campanhas.

---

13 Machine learning (ML) é um subconjunto da inteligência artificial (IA) que permite que os sistemas aprendam e melhorem de forma autônoma, sem serem programados explicitamente para isso. O machine learning utiliza redes neurais e aprendizado profundo para analisar dados, identificar padrões e tomar decisões com o mínimo de intervenção humana.

Sistema de Ingressos

Este recurso foi implementado há pouco tempo, mas se mostrou altamente eficaz em seu propósito. Especialistas e empresas que querem fazer eventos on-line ou presenciais agora podem se beneficiar com uma ferramenta de gestão de venda de ingressos.

O sistema de venda de ingressos trabalha integrado ao nosso poderoso *checkou*t de alta conversão. Contudo, há diferentes opções que você pode configurar para tornar o *checkout* adaptado à sua estratégia de marketing.

Com essa ferramenta, você pode desfrutar de recursos como:

- Customização visual
- Cupom de desconto
- Order bump
- Limite de vagas
- Diversas formas de pagamento
- Parcelamento personalizado
- Marcação de eventos no pixel
- E muito mais!

Não pense que acabou! O sistema de venda de ingressos também ajuda no cadastro dos participantes após a venda ser aprovada (importante frisar que isso não atrapalha na conversão. O cliente primeiro faz o pagamento dos ingressos que quer, sejam eles quantos forem, de forma rápida. Após isso é que será feita a atribuição dos ingressos aos participantes). Eles preenchem o formulário de inscrição para que o ingresso seja emitido e, em seguida, baixado ou impresso. Com isso, o participante tem o ingresso em mãos, e você, uma lista completa e pronta com os nomes de todas as pessoas cadastradas no evento, e que pode facilmente ser exportada.

A emissão dos ingressos também é feita de forma automática e sem pagar nada a mais por isso. Você também pode gerar ingressos cortesia para seus clientes, fornecedores e patrocinadores, de forma simples e rápida. E a segurança do ingresso é reforçada com algumas medidas, como o uso de QR Code, identificação do participante, detalhes do evento, condições gerais etc.

Contudo, não paramos na emissão dos ingressos!

Na verdade, você pode confirmar a presença dos participantes em seu evento de forma antecipada simplesmente utilizando o painel de administração da Guru. Ou ainda, se preferir, sua equipe pode optar por fazer a leitura do QR Code do ingresso através do celular no dia do evento, o que otimiza o fluxo de entrada dos participantes no local.

> **DICA DA GURU**
>
> Você pode conferir a lista completa de integrações escaneando o QR code ao lado.

Como você pode ver, nossa solução é uma das mais completas e robustas em matéria de vendas e gestão de negócios online.

Com tudo isso, vender é uma tarefa fácil, como tirar doce de uma criança.

COM A PALAVRA, OS CLIENTES

No universo competitivo de negócios digitais, a experiência do cliente pode fazer toda a diferença. Como afirmou Joseph A. Micheli, "Quando as empresas proporcionam experiências excepcionais, os clientes tornam-se defensores leais de suas marcas." E é exatamente isso que temos visto com a Digital Manager Guru. Clientes de diversas áreas compartilham suas experiências sobre como essa plataforma inovadora tem transformado suas operações e aumentado seus lucros, oferecendo mais controle e menos custos.

"Deixei de ser um sócio de outras plataformas"

"A Guru me ajudou de várias formas. A primeira forma foi poder integrar formas de pagamentos diferentes e mudar esses mesmos pagamentos com muita facilidade. A segunda é deixar de ser o sócio das outras plataformas. Eu migrei para a Guru imediatamente e deixei de pagar praticamente 20% do meu faturamento para as outras plataformas. Deixei de ser um sócio de outras plataformas e passei a ter um parceiro. Então a Guru permite integrar com vários métodos de pagamentos, permite integrar com plataformas de anúncio, me permite fazer diversas integrações e, acima de tudo, não é um sócio, é um parceiro."

— **Denis Help Engenharia**

"O que eu mais gostei e identifiquei são os relatórios"

"Eu sou o Felippe Loureiro, CEO e responsável pela empresa FL Treinamentos. Sou um dos clientes satisfeitos da Guru, e o que eu poderia falar em especial da Guru? Primeiro ponto, o que eu mais gostei e identifiquei que é a maior vantagem que eu vejo: todos os relatórios que a Guru dá pra gente, todas as informações que a gente recebe da Guru. Isso eu não encontrei em outras plataformas que eu já tinha usado anteriormente, então a Guru facilita muito nessa parte do relatório, o ambiente é muito *clean* e com certeza o diferencial da Guru, o atendimento. Sempre solícito, sempre próximo a nós empreendedores. A vida de empreendedor no Brasil é uma montanha rosa, né? A Guru está sempre junto com a gente, ajudando em todo esse suporte. Então isso com certeza é, na minha concepção, o maior diferencial que a Guru tem hoje no mercado."

— **Felippe Loureiro**

"A maioria das plataformas de pagamento no mercado são quase as suas sócias no negócio"

"A gente tentou várias e várias e várias outras plataformas de pagamento antes de chegar até a Guru, e a maioria das plataformas de pagamento no mercado não atua como uma plataforma para você, elas são quase as suas sócias no negócio, né? Primeiro com taxas altíssimas e segundo com a não possibilidade de você fazer parte do que é recebido nos parcelamentos dos cliente. Então a gente vendia muito parcelado, só que todo o jogo ficava para a plataforma. Então simplesmente ter migrado para a Guru, automaticamente o mesmo faturamento, a mesma quantidade de vendas que a gente já tinha, a gente aumentou no mínimo 20% ou mais da margem de lucro que a gente colocava em caixa, por quê? Porque a gente passou a ter controle primeiro. Obviamente conseguimos diminuir consideravelmente o que a gente paga de taxa, e agora fazemos parte dos ganhos quando o cliente parcela uma compra em duas vezes, seis vezes, não importa."

— **Luiz Mazini**

"A gente recebeu indicações de outras plataformas do mercado, mas o que eu gosto da Guru é a flexibilidade"

"Na verdade, eu acho que a gente está com a Guru desde o início, desde o início da Devzapp, e foi meio que assustador para mim, porque foi fácil de configurar. A gente recebeu indicação de outras plataformas que estão no mercado e tudo mais, mas o que eu gosto da Guru é a flexibilidade que ela me dá. Então, dessa flexibilidade de integração com outros processadores de pagamento, a flexibilidade que eu tenho da questão de administração de afiliados, claro, eu tenho um suporte hoje dedicado literalmente, tenho um grupo do qual eu tenho uma informação muito rápida quando preciso, e isso ajudou o crescimento da empresa. Por quê? Porque essa velocidade que eu tenho de integração, essa facilidade que eu tenho de administração de produto e controle de assinaturas, eu acredito que isso ajudou muito o meu faturamento. Então, eu só tenho de fato agradecer à Guru por todo esse espaço que a gente tem lá dentro e todo esse relacionamento que a gente construiu. Eu tenho certeza de que a gente vai cada vez mais e muito mais longe."

— **Tiago Almeida Silva**

"Eu estou realmente apaixonado e até quase que virei embaixador do produto"

"Eu sou Roberto Cortez, eu trabalho com infoprodução, alguns dos negócios que eu tenho, alguns só de infoprodução, e comecei recentemente a usar aqui o Digital Manager Guru, e, pessoal, eu estou realmente apaixonado e até quase que virei embaixador do produto, porque negócios, empresas, tecnologia, vem acrescentar aqui valor aos outros, ainda por cima empresas portuguesas, elas são realmente aí de louvar. E o que eu mais gosto do Digital Manager Guru é a personalização que nos permite no checkout, tira o meu próprio domínio no checkout, coloca um sequence, coloca os meus próprios pixels, as minhas próprias automações, os meus próprios métodos de pagamento, tem sido realmente surreal. E depois, tem uma coisa que é ser ali uma ponte entre o meu consumidor e a minha conta bancária, e o dinheiro acaba por cair também muito rapidamente na nossa conta. Muito fácil para gerir, muito fácil para escalar produtos lá dentro, superseguro por estarem na Amazon. Enfim, estou apaixonado pelo produto. Se alguém estiver a ler este depoimento aqui e tiverem dúvida se devem ou não devem testar o produto da Guru... gente, não sou um pago pra dizer isso, como vocês devem imaginar, mas vou vos dizer que eu gosto de falar bem de produtos que são bons. Testem a Guru. No meu negócio deu muita agilidade, muita facilidade mais nas vendas, eu sou um apaixonado pelo produto. Parabéns à equipa, pelo que vocês estão a fazer."

— **Roberto Cortez**

"O Digital Manager Guru me fez lucrar 25% para mais sobre o meu faturamento do negócio sem mudar em nada minhas vendas"

"Eu, Elvis Lion, quero falar sobre a minha experiência como produtor digital e como o digital Manager Guru me fez lucrar 25% para mais sobre o meu faturamento do negócio sem mudar em nada minhas vendas. Bom, você vem direto aqui, tá? Eu usava uma plataforma de marketing digital, foi onde eu comecei, né, que ela fazia toda a estrutura, tal, tinha o checkout próprio dela lá e na época eu pagava uma taxa de 9% quando eu comecei.

Depois atingiu um patamar lá, de 1 milhão e tudo mais, então fui negociando as taxas, baixou para 7,75 ou 7,5, alguma coisa desse tipo. Mas o que aconteceu? Quando eu fiz o faturamento de 1 milhão, que eu saquei 1 milhão um pouco lá na plataforma, ganhei a plaquinha e tudo mais, eles criaram um novo relatório no qual eu conseguia ver o faturamento. E aí quando eu abri o faturamento mexendo, já tinha passado de 2 milhões. Aí eu falei, 'como que eu saquei 1 milhão e o faturamento foi 2 milhões?'. Aí eu comecei a me dar conta: quando eu abri o detalhe das compras, eu via "valor pago pelo cliente", e aquele valor pago pelo cliente é o meu real faturamento, inclusive é sobre ele que você declara o faturamento do seu negócio. E aí, vou dar um exemplo bem simples: um produto hoje de 397 reais, se você vende nas plataformas mais conhecidas por aí, o seu cliente vai pagar na faixa de 12 parcelas de R$ 39,62 mais ou menos. Isso te dá líquido em 30 dias, 304 reais. Pode abrir agora sua plataforma e olhar. Então seja, aquela taxa que parece ser 7%, ela se tornou 43% sobre o valor do meu produto e sobre o valor que o cliente pagou, que foi 475 reais, ela se tornou 36%. Gente, cadê o 9? Cadê os 7 aí? A taxa é de 36% para cima. Se você for considerar o que o cliente passou na maquininha, o que passou no cartão dele, é 36% de taxa. Tá na média, você pode calcular e a sua, tá? Se você for olhar sobre o valor do pedido inicial, é 43%. É uma taxa extremamente absurda. E olha só, eu vou falar pra você aqui. Comecei a usar o digital manager guru e eu fui pro... Você pode escolher, tá? Em qual gateway de pagamento você quer usar. Tem várias, tem Stripe, têm Galaxy Face, você pode escolher e negociar as taxas com eles. E eu fiz uma simulação aqui só pra você ter noção. Hoje, se o cliente passar no cartão dele 1 milhão de reais na maquininha, a sua venda é de 835 reais. Porque o produto, por exemplo, é 397, só que, quando o cliente vai pagar, tem as taxas de juros, né? Então você faturou 1 milhão ali. A plataforma vai te mostrar que você faturou 835? E de tarifa, você pagou 360 mil reais. Pode olhar sua conta, pode calcular. Isso te dá o recebimento em 30 dias de 640 reais. Olha só, faturamento de 1 milhão, recebimento líquido 640 mil. Hoje, na plataforma que eu uso hoje, que é o Digital Manager Guru, você pode se apagar, enfim, é que você quiser. Se eu faturar, movimentar 1 milhão de reais, eu vou ver se vai me dar 858 mil e 100 reais líquidos com recebimento em 7 dias, gente. Sabe aquela mesma compra do valor do produto de 397? Que seu cliente passou lá no cartão 475, você recebeu 300. Aqui, se eu passar um produto de 397 nas mesmas condições daquelas plataformas, eu recebo 407 reais. Ou seja, eu recebo mais do que o valor do produto inicial. Não mais do que o valor total, porque, claro, tem as cores do cartão, tá? Fiz antecipação e tudo mais. Só que a gente olha a diferença. Você tem 25% a mais. Uma que você vai movimentar bruto 1 milhão e receber 640 mil, outra movimentar bruto 1 milhão e receber 858 mil. Isso é mais de 218 mil reais de diferença, só de taxa. Então, em vez de você receber, por exemplo, uma plaquinha, você poderia receber um carro zero, tá? Com o faturamento de 1 milhão. Então, o que eu quero te falar aqui? Olha, analise a Digital Manager Guru. Para mim, valeu muito a pena. Hoje, eu tenho uma plataforma de áreas de membros unificado em uma só. Então, os meus alunos acessam o único link, acessam todos os meus produtos, eu consigo fazer todo o controle de oferta, order bump, eu tenho integração com todas as ferramentas. Então, se você está na dúvida se realmente o Digital Manager Guru é para você, eu falo como produtor, tá? Essa plataforma deixou dinheiro no meu bolso. Ano passado, o meu faturamento foi três vezes maior do que no faturamento quando eu estava iniciando nesse mercado. Imagino o tanto de grana que sobrou para mim ou que eu teria pago de taxa a mais. Pago imposto sobre essas taxas sem esse dinheiro vir pro meu bolso. Então, toma uma decisão, converse com o produtor, o suporte do Manager Guru é maravilhoso. Sempre que eu precisava, eles me ajudavam. Então, eu quero agradecer aqui também à galera do Manager Guru. Se eu falar o nome aqui, alguém pode ficar com ciúmes, e eu quero agradecer muito a atenção de vocês e o resultado que vocês trouxeram a mais no meu negócio, parecendo uma plataforma totalmente transparente na qual tenho liberdade de escolher como, onde e conforme eu vou vender meu produto. Muito obrigado e até mais."

— Elvis Lion

"Bastam alguns cliques para conectar nossos serviços com outras plataformas de venda"

"Aumentar a margem de lucro do dia para a noite. Encontramos um atalho incrível ao descobrir a facilidade de conectar outros processadores de pagamento com o Checkout Guru. Até então, usávamos uma das soluções mais famosas do mercado – e cara também (aquela do foguinho). Ficamos com esse serviço, pois sempre acreditamos ser muito difícil e custoso testar outras soluções por conta da demanda de programação. Entretanto, com a Guru, descobrimos que bastam alguns cliques para conectar nossos serviços com outras plataformas de venda, o que expandiu definitivamente nossas opções no quesito processamento de pagamento."

"A melhor parte é que não há taxas sobre as transações"

"Já vendi em quase todas as plataformas de checkout e a Guru apresenta disparadamente o melhor desempenho. E a melhor parte é que como não há taxas sobre as transações, você consegue fugir das taxas absurdas praticadas pelo mercado e ficar com uma fatia maior dos seus ganhos.... ahh e como bônus você ainda leva a melhor ferramenta de atribuição e tracking do Brasil"

"Além disso, o apoio e suporte que temos na Guru é incomparável com qualquer outra empresa"

"Desde quando entramos em parceria com a Guru tivemos uma mudança radical em nossa conversão. Usávamos um e-commerce tradicional e sempre notamos que o cliente tinha dificuldade para realizar suas compras. Após procurar no mercado checkouts de alta conversão, encontramos o Digital Manager Guru e logo tivemos um aumento considerável em nossa conversão. O que mudou foi que passamos a criar páginas de vendas + checkout de alta conversão da Guru (que torna a compra muito fácil). Além disso, o apoio e suporte que temos na Guru é incomparável com qualquer outra empresa. É como ter um time de tecnologia ali criando coisas que nem sabemos que precisamos, mas que mudam todo o nosso negócio. Atendimento nota mil, sempre dispostos a ajudar. Eu indicaria a Guru (já indico para muitos conhecidos), todos que usam não se arrependem."

"Tranquilidade para focar o que realmente somos bons!"

"Com o Digital Manager Guru podemos trabalhar marketing baseado em dados, tendo as informações centralizadas e fáceis de compreender! Além de ser uma ferramenta completa tem o grande diferencial em seu atendimento, rápido e sempre pronto para resolver qualquer coisa! Verdadeiros parceiros!"

E ainda tem mais!

A seguir, você confere mais alguns depoimentos de clientes da Guru satisfeitos com o nosso produto. Não precisa acreditar em mim, você pode acreditar no que eles dizem. Ou melhor: você pode fazer um teste gratuito de 14 dias em nossa plataforma.

"Com a Guru, é possível saber exatamente quais são os meus anúncios que mais convertem e onde devo colocar o dinheiro. Essa análise é fundamental para o mercado de dropshipping, uma vez que os anúncios são a base das minhas vendas."

"Com a Guru, é possível saber exatamente quais são os meus anúncios que mais convertem e onde devo colocar o dinheiro."

"Com a Guru, é possível saber quais as campanhas que podem ser replicadas, resolver as questões de rastreamento e RPCC de Leads, otimizando deste modo o tempo para outras tarefas."

"O meu faturamento em relação às campanhas melhorou muito utilizando o funil de vendas da Guru."

"Os verdadeiros benefícios são a rastreabilidade específica das vendas e a questão dos leads."

"Com a Guru consigo saber de onde vem as minhas vendas, mensurar meus dados e gerar relatórios... Tudo numa só tela!"

"Na plataforma, é possível verificar todos os indicadores de vendas, apenas numa só tela de forma simples e dinâmica. Por isso, conseguimos ver os dados e ter uma maior visualização e percepção do que estamos vendendo."

"Vender meus produtos e serviços através da Guru trouxe possibilidades de otimização do negócio."

"Eu antes usava o próprio checkout do Shopify e quanto mudei para a Guru foi nítida a diferença que deu. Muito mais conversão de vendas, quase dobrou."

"Encontramos um atalho incrível ao descobrir a facilidade de conectar outros processadores de pagamento com o Checkout Guru... o que expandiu definitivamente nossas opções no quesito processamento de pagamento."

"O maior benefício que a Guru proporciona para o meu negócio é a liberdade de conectar diferentes fontes de gateway de pagamento em um único local. A gestão visual e as automações de cobrança auxiliam para o crescimento da empresa de forma exponencial."

"Com a Guru consigo conectar todas as ferramentas que preciso para minha operação e ainda conto com um checkout simples para o cliente e de alta conversão!"

"Usamos Guru em todos nossos negócios há mais de quatro anos por um bom motivo: funciona. Tanto o checkout quanto a atribuição são fundamentais para os nossos negócios."

"A Guru está sempre junto com a gente, ajudando em todo o suporte, e com certeza, na minha concepção, é o maior diferencial que a Guru tem hoje no mercado."

"Até então, usávamos uma das soluções mais famosas do mercado – e cara também. Com a Guru, descobrimos que bastam alguns cliques para conectar nossos serviços com outras plataformas de venda. Resultado: aumentamos a margem de lucro do dia para a noite."

O SUCESSO PERTENCE ÀQUELES QUE OUSAM SONHAR

"Empreender é viver alguns anos de sua vida como a maioria das pessoas não quer, para que você possa viver o resto da sua vida como a maioria das pessoas não pode."
— **Anônimo**

Você chegou até aqui, e isso já diz muito sobre quem você é – alguém que não se contenta com o comum, alguém que, assim como eu, enxerga um mundo cheio de possibilidades, mesmo diante dos maiores obstáculos. Nós, empreendedores, não estamos satisfeitos em seguir o que é "correto" apenas porque sempre foi feito assim. Queremos mais do que o caminho trilhado pela maioria. Queremos trilhar o nosso próprio caminho. E muitas vezes, isso significa ser "politicamente incorreto".

Mas ser politicamente incorreto no mundo dos negócios não é ser inconsequente. Trata-se de recusar as verdades absolutas, de questionar, desafiar e, acima de tudo, criar. Quando falamos sobre viver a disrupção, estamos falando sobre ir contra a correnteza, sobre não aceitar a mediocridade que assola tantas empresas e plataformas. Estamos falando sobre virar o jogo – sobre transformar aquilo que parece um problema insolúvel em uma vantagem competitiva.

Apesar de ter reservado a seção final deste livro para as "lições universais", decidi finalizar esta parte com alguns dos aprendizados mais poderosos que tive durante a criação da Digital Manager Guru, e que podem ajudar a transformar o seu negócio. A ideia é dar um passo além do "convencional", inspirá-lo a desafiar as regras estabelecidas, seja qual for o mercado em que você atua.

Parar de pensar em "como sempre foi feito"

Um dos maiores empecilhos ao sucesso de qualquer empresa é o conformismo. Em algum ponto da jornada, muitos empreendedores começam a pensar "é assim que sempre foi feito", como se a tradição fosse a única maneira correta. Talvez você já tenha se deparado com essa mentalidade em negócios tradicionais, nos quais as mudanças são vistas como ameaças.

Mas o mundo não para.

Se há algo constante em qualquer setor, é a mudança. Se você ficar preso ao modo como as coisas sempre foram feitas, será inevitavelmente deixado para trás. Por isso, desafiar o status quo é essencial.

A Guru foi construída exatamente sobre essa premissa. Eu já não aguentava mais me sentir limitado pelas plataformas de marketplace. Havia taxas abusivas, pouca flexibilidade, e, acima de tudo, uma cultura de conformismo – a ideia de que, se você deseja vender digitalmente, deve se submeter às regras dos outros. Não. Se há um problema, crie uma solução. E se todos dizem que há uma única maneira de fazer as coisas, questione. Isso é ser politicamente incorreto. Isso é empreender.

Lembrar que controle é a palavra-chave

Se há uma coisa que aprendi, é que a verdadeira liberdade no empreendedorismo vem com o controle. Controle sobre seus dados, sobre sua operação, sobre suas decisões. E, acredite, controle não é sobre *micromanagement* — é sobre ter as ferramentas certas nas mãos para que você possa tomar decisões bem informadas e estratégicas.

A maioria das plataformas de produtos digitais limita o controle do produtor. Elas retêm informações que são fundamentais para a evolução do negócio e transformam o empreendedor em refém. Antes não havia uma opção para decidir quem ficaria com os dados das vendas, como configurar integrações ou negociar taxas de pagamento. Você seguia o que eles determinavam. A Guru nasceu para mudar isso. Ela devolveu ao empreendedor o poder de escolha, permitindo que você negocie suas próprias condições, selecione suas ferramentas e acompanhe o desempenho do seu negócio com precisão.

Onde está o controle do seu negócio hoje? Você sabe exatamente como seus processos operam e tem a liberdade para modificá-los quando necessário? Se a resposta for "não", chegou a hora de repensar sua estrutura. Uma mente disruptiva busca sempre pelo controle das variáveis que impactam sua jornada. Não aceite menos que isso.

Não ser refém da segurança

Todos queremos segurança, certo? Mas a segurança muitas vezes vem com um custo: a estagnação. Estar seguro demais pode te impedir de crescer. Pense no que já foi discutido anteriormente: quantos sonhos morrem no setor público ou em carreiras estáveis, apenas porque as pessoas têm medo de arriscar? No mundo dos negócios, é a mesma coisa.

Quando a Michelle e eu decidimos nos mudar para Portugal, isso representava um risco imenso. Deixamos tudo o que conhecíamos, vendemos praticamente todos os nossos bens e apostamos em uma mudança completa. Foi essa decisão que me deu o espaço para pensar na Guru e finalmente tirar a ideia do papel. Se tivéssemos ficado na segurança do que era familiar, talvez nunca tivéssemos construído uma plataforma que, hoje, movimenta dezenas de milhões em vendas todos os dias.

No empreendedorismo, a segurança pode ser um vilão. Não estou dizendo para ignorar riscos calculados, mas para não deixar que o medo do desconhecido te impeça de avançar. Grandes saltos exigem coragem. A verdadeira inovação acontece fora da zona de conforto.

Por que vender uma vez se posso vender sempre para o mesmo cliente?

Parece óbvio, mas muitos empreendedores não conseguem aplicar de fato: a forma mais barata de aumentar sua receita não é adquirindo novos clientes, mas vendendo novamente para aqueles que já compraram de você. Parece simples, mas se você observar como muitas empresas operam, verá que elas estão constantemente em busca do próximo cliente, enquanto negligenciam aqueles que já estão na casa.

Na Guru, fizemos questão de incluir funcionalidades que ajudassem nossos clientes a vender novamente para a mesma pessoa – seja com a recorrência de assinaturas, seja com ofertas de 1-Clique durante o checkout. As integrações com ferramentas de CRM e automação de marketing são desenhadas para facilitar a comunicação e o engajamento contínuo, ampliando o valor vitalício de cada cliente.

Você está cuidando do seu cliente atual? Você oferece novos produtos, serviços, upgrades, uma experiência que o incentive a continuar comprando de você? Pense nisso. O politicamente incorreto aqui é desafiar a mentalidade de que "clientes vêm e vão". O segredo é fazer cada cliente se tornar um cliente fiel, que volta sempre, que compra mais e que recomenda seu produto.

Inovação não é sobre tecnologia, é sobre mentalidade

O que faz a diferença em um negócio não são as tecnologias que você usa, mas a mentalidade por trás de cada decisão que toma. As ferramentas são apenas facilitadores. No fim, é a mentalidade do líder que dita o ritmo do crescimento.

A Guru foi desenvolvida para facilitar a vida dos empreendedores, mas a verdadeira inovação dela está na ideia de devolver o controle aos negócios digitais. Nós rompemos com a abordagem tradicional de "ficar com um pedaço do lucro dos clientes" e apostamos em um modelo de assinatura que respeitasse o esforço de cada produtor. Essa decisão não era apenas uma questão de modelo de negócios, mas de propósito. Era sobre como enxergávamos o papel da nossa plataforma no mercado.

Qual é o propósito por trás do seu negócio? Como você enxerga o impacto do que está fazendo no setor? Que mentalidade você precisa incorporar para desafiar o sistema e transformar seu mercado? Perguntas como essas são essenciais para viver a disrupção. E a disrupção, lembre-se, começa na mente.

Nunca parar de evoluir

A evolução é constante. Não importa o quão bem seu negócio esteja hoje, nunca pare de evoluir. A inovação é uma jornada sem fim. O que funcionou ontem pode não funcionar amanhã, e isso é especialmente verdade no mercado digital. Plataformas mudam, consumidores mudam, e as regras do jogo mudam. Se você parar, será ultrapassado.

Nós começamos a Guru como uma forma de resolver minhas próprias frustrações com a gestão dos produtos digitais. Inicialmente, a ideia era centralizar as vendas, automatizar processos e trazer clareza para as métricas. Mas ao longo dos anos, vimos que nossos clientes queriam mais. Então evoluímos. O Checkout Guru foi criado, as integrações, ampliadas, as funcionalidades tornaram-se mais robustas. E a cada nova versão, continuamos buscando formas de melhorar, de superar nossos próprios limites.

Você está disposto a evoluir constantemente? A se desafiar para crescer mais do que hoje acredita ser possível? Isso é o que define o verdadeiro empreendedor politicamente incorreto. Não alguém que aceita o que está disponível e se contenta com o suficiente, mas alguém que desafia constantemente seus próprios limites.

A revolução é pessoal

Se há algo que espero que você leve desta jornada é que a revolução começa em você. A mentalidade disruptiva não é apenas um conceito bonito para marketing; é uma necessidade real para aqueles que querem não só sobreviver, mas prosperar no mercado. Você precisa ser capaz de olhar para as coisas que todos consideram normais e perguntar: "Por que tem que ser assim?" Precisa ser corajoso o suficiente para desafiar o sistema e construir sua própria versão do sucesso.

A Digital Manager Guru é um exemplo de como ir contra a correnteza pode gerar resultados extraordinários. Mais do que uma plataforma, ela se tornou um movimento para desafiar o sistema e dar poder aos empreendedores. Que ela sirva como um lembrete de que você também pode transformar sua realidade — e que o caminho para isso não está na conformidade, mas na coragem de viver a disrupção.

DICA DA GURU

Lembrando que você, leitor, pode experimentar o poder da Digital Manager Guru, a plataforma que nasceu para dar aos empreendedores o controle total de seus negócios digitais — sem taxas abusivas e com total liberdade de escolha. Acesse e faça um teste gratuito. Escaneie o QR code ao lado e comece sua jornada de disrupção hoje mesmo.

PARTE 4

CONSELHOS PRÁTICOS PARA EMPREENDEDORES AUDACIOSOS

Ser um empreendedor audacioso não se resume a seguir fórmulas prontas ou evitar riscos. Significa desafiar o óbvio, tomar decisões corajosas e estar disposto a navegar por terrenos desconhecidos. Nesta parte final, vou explorar conselhos práticos que vão ajudar você a prosperar no mercado.

Aqui você encontrará ideias, estratégias e lições aprendidas na prática, extraídas de experiências reais e voltadas para aqueles que não se contentam em ficar à margem, mas que desejam liderar, inovar e se destacar. Não se trata apenas de teoria, mas de insights aplicáveis que podem transformar a maneira como você conduz seu negócio.

É um guia para aqueles que estão dispostos a correr atrás de seus sonhos e transformar desafios em oportunidades. Seja sobre como desenvolver uma mentalidade resiliente, inovar em meio à incerteza, ou criar soluções que realmente impactem o mercado, o que vem a seguir é um conjunto de orientações pensadas para ajudá-lo a ir além do esperado. Afinal, empreender é um ato de coragem, e cada passo ousado que você der pode ser o ponto de virada que mudará tudo.

5 CONSELHOS QUE EU DARIA PARA O MEU "EU" JOVEM

"Poderia me dizer, por favor, que caminho devo tomar para ir embora daqui?"
— **Alice** *ao Gato de Cheshire*

A primavera da juventude ou o inverno da velhice? O que você diria para o seu "eu" mais jovem agora que possui mais conhecimento, sabedoria, arrependimentos e realizações?

Essa não é uma pergunta fácil de responder, afinal precisamos escolher bem os principais conselhos, aqueles que consideramos os mais fundamentais, e apresentar aos nossos "eus" do passado.

No entanto, essa mesma pergunta já foi feita a muitos outros empreendedores e homens de sucesso, e todos eles sempre tiveram alguma resposta, baseada não em pesquisas científicas, jornais ou palestras. Suas respostas são baseadas em sua própria experiência, em suas próprias decisões, meditando sobre o que fizeram de certo e, principalmente, o que fizeram de errado.

Inspirado nas respostas desses grandes homens, separei alguns conselhos que eu daria a mim mesmo se me encontrasse no passado. Esses conselhos são fruto de muitos anos de trabalho, de tentativas, erros e acertos, não somente na carreira de empreendedor, mas também na vida pessoal.

Spoiler:
- Direção é mais importante que velocidade.
- Faça o certo mesmo que ninguém esteja fazendo.
- Pense no longo prazo.
- Traga Deus para seus projetos.
- Cuide da sua família.

Falarei mais profundamente sobre cada um deles a seguir, na esperança de que eles sejam úteis não apenas para mim, quando voltar a ler este livro daqui cinco ou dez anos, mas principalmente para você, leitor.

São conselhos fundamentados em experiência de vida, estudos e prática – muita prática.

Conselho 1 – Saiba que direção é mais importante que velocidade

Há duas coisas que eu gostaria que você prestasse muita atenção nesse capítulo: a primeira, o diálogo entre Alice e o Bichano de Cheshire; a segunda, um filme do Adam Sandler.

"Bichano de Cheshire", começou, muito tímida, pois não estava nada certa de que esse nome iria agradá-lo; [...] pensou e continuou: "Poderia me dizer, por favor, que caminho devo tomar para ir embora daqui?"

"Depende bastante de para onde quer ir", respondeu o Gato.

"Não me importa muito para onde", disse Alice.

"Então não importa que caminho tome", disse o Gato.

"Contanto que eu chegue a *algum lugar*", Alice acrescentou à guisa de explicação.

"Oh, isso você certamente vai conseguir", afirmou o Gato, "desde que ande o bastante".

Antigamente, havia o costume de ler histórias infantis para os filhos antes de dormir. Na época, a principal pergunta que ouvíamos era "qual a moral da história?". Aqui, na história de Alice, a moral é que, se estamos sem direção, então qualquer caminho que escolhemos tomar vai nos levar até algum lugar – seja qual for esse lugar.

No entanto, para um empreendedor, para um homem de negócios, caminhar sem rumo é praticamente um tiro no pé: você investirá tempo, dinheiro e outros recursos valiosos em qualquer coisa que te leve a qualquer lugar, desde que você chegue rápido até lá.

Isso me leva até o ano de 2006, ano em que era lançado o filme *Click*, dirigido por Frank Coraci e estrelado por Adam Sandler. O enredo do filme é bem simples: um arquiteto casado e com filhos se vê cada vez mais frustrado em sua vida, por passar a maior parte do tempo no trabalho, em vez de aproveitar seu tempo com a sua família. Um dia, ele encontra um estranho inventor, que lhe dá um controle remoto com a capacidade de acelerar o tempo.

No começo, ele usa o controle para pular os momentos tediosos de sua vida.

Até que em dado momento, ele percebe que está acelerando demais o tempo e deixando de viver momentos preciosos e importantes com a família. O enredo do filme parece ser baseado em um conto de fadas muito famoso, em que um jovem príncipe recebe de uma estranha mulher um novelo, que representava a sua vida. A mulher explica ao jovem que toda vez que ele puxar o novelo, sua vida irá avançar para algum momento no futuro.

Aceitando o presente, o jovem, que constantemente desejava que seus sonhos e desejos se realizassem o quanto antes, começa a puxar a linha do novelo. Primeiro, para tornar-se logo o rei da nação. Depois, para o seu casamento com a mulher que amava. Mais tarde, avançou para o nascimento de seu primeiro filho.

Em algum momento, o jovem, agora um adulto, percebe que deixou para trás valiosos momentos que poderia ter guardado em sua memória. Perdeu a morte e o enterro do pai e da mãe; os momentos iniciais da vida dos filhos, até mesmo sua própria vida. Tudo porque ele deseja que o futuro se realizasse o mais rápido possível.

Falta de direção e sentido, e o desejo de que tudo com que se sonha rapidamente vire realidade, podem ser fatais para qualquer empreendedor iniciante. É claro que todos gostaríamos de atingir o primeiro milhão logo no primeiro lançamento, com as primeiras vendas, mas sabemos que não é assim que funciona.

É preciso que haja um planejamento por trás e uma direção a qual se almeja chegar através do trabalho constante. Os antigos filósofos gregos chamavam isso de "prudência", uma das quatro virtudes cardeais.

A virtude da prudência nos ensina que a direção, que o planejamento e o preparo são mais importantes do que a velocidade. Afinal, de que adiantaria subir rapidamente uma montanha, sem que antes você preparasse as cordas, os ganchos, as roupas e a comida? Pior ainda seria descobrir que escalou rapidamente a montanha errada.

Assim, o primeiro e principal conselho que eu daria para o meu "eu" jovem é: aposte na direção mais do que na velocidade, porque saber aonde se quer chegar é mais importante que chegar rapidamente em lugar nenhum.

Conselho 2 – Faça o certo mesmo que ninguém esteja fazendo

"O errado é errado mesmo que todo mundo esteja fazendo. O certo é certo mesmo que ninguém esteja fazendo?" Você conhece essa citação?

A sua autoria permanece envolta em mistério, alguns atribuindo a Santo Agostinho de Hipona, outros atribuindo ao pensador britânico G. K. Chesterton, em uma adaptação de trecho do livro *Considerando Todas as Coisas*. Seja qual for a origem do texto, o seu conteúdo é o que vale.

Chesterton é conhecido por seus "paradoxos", jogos de palavras e ideias que estão presentes na maioria de seus livros, e essa frase não é diferente: quando sua mãe pergunta se você pularia de uma ponte apenas porque seus amigos pularam, a ideia dela é justamente a mesma da frase acima.

Assim também é no mundo dos negócios.

Contudo, como adultos, precisamos ter consciência de que nem todos seguirão o certo na maior parte do tempo. Amadurecer é entender que as pessoas, muitas vezes, seguem regras sem pensar muito se é certo ou errado (é o caso das vítimas das plataformas *só-paga-se-vender*).

Daí a importância de fazer o certo constantemente, mesmo que absolutamente ninguém ao seu redor esteja fazendo. Há algumas razões muito importantes para pensar assim.

1. **Você presta contas com a sua consciência**

    Manter a consciência limpa não é uma tarefa muito difícil. Na verdade, é até simples ser capaz de deitar sua cabeça no travesseiro à noite e dormir tranquilamente. Pessoas que não se importam em fazer o errado geralmente ignoram o peso que isso traz às suas consciências.

É por isso que você precisa viver a sua vida fazendo o que é certo e seguir a sua ética até o final, sendo sincero e honesto com seus ideais, objetivos e sentimentos, de modo que você sempre faça o que é certo, mesmo que todos estejam fazendo o errado.

Na Digital Manager Guru, concluímos que seria errado seguir o mesmo modelo de cobrança, através de taxas sobre as vendas. Obviamente, esse é o padrão de cobrança do mercado atual – e é por isso que não fazemos o mesmo que eles.

O certo é o certo mesmo que ninguém esteja fazendo.

2. Os bons também ganham a sua parte

É impossível contabilizar o número de homens maus que obtiveram sucesso em seus empreendimentos. A vida do crime parece compensar seus atos com rios de dinheiro. No entanto, que dinheiro no mundo pode pagar pela sua alma?

Mesmo que os homens maus tenham a sua cota de sucesso, isso não significa que não haja nenhuma recompensa para os homens bons, que vivem suas vidas pelo que é certo.

A prudência, mãe de todas as virtudes, provê ao homem bom recompensas gloriosas que só se adquirem através de muito esforço: honra, coragem, força, calma, constância, reconhecimento etc.

Não se pode confiar em um homem mau, mesmo que ele tenha um grande sucesso. Mas podemos confiar em um homem bom, mesmo que ele seja desconhecido.

Conselho 3 – Pense no longo prazo

Você sabia que grandes empresas como a Amazon avaliam seus resultados com base em metas de longo prazo?

Por exemplo: uma meta de cinco anos leva em consideração a soma dos resultados de todos os cinco anos, em vez de considerar cada ano separadamente. Isso significa que mesmo que um ou dois anos não tenham saído como planejado, as metas e objetivos estipulados mais para frente ainda são atingidos.

Isso é o que significa pensar no longo prazo.

No entanto, não basta anotar em seu diário a "meta 1: ficar milionário". Isso é muito vago e não explica o *porquê* nem o *como*. Todo pensamento existe para virar uma ação[14], portanto, o pensamento de longo prazo deve virar um planejamento inteligente de suas próximas ações, objetivos e sonhos a serem alcançados. Mas, antes de ir direto ao planejamento, você precisa descobrir o porquê desse objetivo.

Começar pelo porquê, como recomenda Simon Sinek, é praticamente metade do caminho, pois um grande motivo vai superar qualquer "como". Por isso, conheça bem os motivos por trás de suas ações e ideias, principalmente as de longo prazo.

Pense nisso como um casamento.

Quando dois seres humanos resolvem aderir ao matrimônio, é no longo prazo que estão pensando, afinal ninguém entra em um casamento para ficar apenas um, dois ou três anos com a pessoa, para depois terminar tudo.

Esse é o tipo de pensamento de longo prazo que você deve ter. Seu negócio é também como um casamento: você se une a ele na busca conjunta pelo crescimento financeiro e, graças a isso, a empresa começa a dar bons frutos. Agora, considere criar

---

14 *O Mapa do Conhecimento*, de R. G. Collingwood

uma empresa de curto prazo. Você contrata os funcionários, contador, paga os impostos necessários etc., e em três anos você decide encerrar a empresa depois de atingir, digamos, R$ 500,000.00.

Há alguma vantagem nisso? Nenhuma, se você tem consciência de que, se alcançou os R$ 500 mil, pode alcançar R$ 500 milhões. Se, é claro, pensar no longo prazo.

Existe ainda outro aspecto importante do pensamento de longo prazo aqui: manter-se fiel aos seus objetivos. Quando você casa pensando em passar a vida toda com a outra pessoa, é natural que apareçam obstáculos que tentem te tirar do caminho, mas a função do pensamento de longo prazo é permitir que você olhe mais além e mais longe e, com efeito, permaneça fiel ao relacionamento.

Vamos pensar em outro exemplo.

Todo ser humano deseja sobreviver e viver o maior tempo possível até que tenha uma morte natural e tranquila. Algumas pessoas chegam a viver mais de 100 anos, embora a maioria viva por volta de 80 anos. A questão toda é: o que você precisa fazer para chegar em seu melhor estado até os 80 ou 100 anos (e quem sabe mais)?

Você sabe que para se manter saudável não pode ser sedentário e, portanto, precisa praticar uma atividade física. Além disso, sua saúde e bem-estar também dependem da qualidade dos alimentos que você tem ingerido, o que torna a dieta outro fator importante para a longevidade.

Dito de outra forma, meu objetivo de longo prazo é chegar até os 80 anos com o melhor físico e com a melhor saúde possível e, para que isso aconteça, eu preciso me manter fiel à rotina de exercícios e à dieta. Se eu quiser ter um casamento duradouro, eu preciso me manter fiel a minha esposa. E se eu quiser ter um negócio de longo prazo, que cresça constantemente e dê cada vez mais lucro, eu preciso me manter fiel ao caminho e às metas de longo prazo que estabeleci.

Observe, por exemplo, a Digital Manager Guru.

Se pensássemos no curto prazo, e quiséssemos resolver problemas em um ou três anos, como o fluxo de caixa da empresa, a maneira mais fácil e rápida de obter lucros altos, dentro do mercado que decidimos atuar, cobrar taxas seria a melhor ideia, uma vez que as taxas permitiriam um aumento surreal em nossos lucros logo no início.

No entanto, pensando no longo prazo, essa prática faria com que fôssemos iguais aos nossos concorrentes, gerando um problema ainda maior para nós com o passar do tempo. Por isso, decidimos organizar todo o desenvolvimento da empresa para atingir nosso objetivo a longo prazo.

Mesmo que de início soubéssemos das adversidades de curto prazo que viriam até nós, sabíamos que, ao passar pelo *vale da morte* (*breakeven*), nossos concorrentes não teriam mais chances contra nós.

Conselho 4 – Traga Deus para seus projetos

De todos os conselhos que eu daria ao meu "eu" do passado, este é o mais transformador. Antes de iniciar qualquer jornada, é essencial trazer Deus para o projeto. Pergunte a Ele: "Senhor, este é o caminho que devo seguir?" E se a resposta não vier, aprenda a respeitar o silêncio divino. A inércia de Deus também deve ser a sua. A ausência de resposta é, por si só, um sinal de que talvez não seja o momento de agir.

Trazer Deus para os projetos não se limita a uma orientação espiritual, mas envolve também adotar certos valores. Generosidade e abundância são fundamentais, tanto para você quanto para sua equipe. Pense que a abundância que você alcançar não é só sua, ela deve ser compartilhada. Não apenas com aqueles que contribuíram com você, mas até com os que não estavam ao seu lado.

A vida favorece a vida, e, assim como em um ciclo natural, há duas estações principais: Provisão e Colheita. Quando estamos fazendo o certo, mesmo atravessando o "vale da morte", Deus provê tudo o que precisamos para superar as adversidades. A colheita vem no tempo certo, fruto da paciência e da confiança no processo. Acreditar em Deus é acreditar na verdade universal do plantio e colheita. Se plantamos com fé e integridade, colheremos no momento certo.

Por isso, agir com valores divinos não apenas eleva o projeto, mas transforma o todo ao seu redor.

Conselho 5 – Cuide da sua família

Aqui está uma verdade que pode ser difícil de engolir: existem muitos lares que estão sendo destruídos em nome do empreendimento, de uma empresa, de um projeto, enfim, do seu próprio umbigo.

O empreendedor acredita que pode sacrificar tudo para, no futuro, dar de volta para a família. Estou falando, por exemplo, de um pai ausente que dá tudo para o filho, mas não dá atenção, o carinho e o afeto que a criança precisa.

Isso custa muito caro.

A família e a saúde devem estar em primeiro lugar, e a empresa, o trabalho, seus projetos vêm depois. É fácil notar que vivemos em uma sociedade doente, por conta de pessoas que pensam apenas em ganhar dinheiro, trabalhar, empreender, para dar tudo àqueles que ama, menos aquilo que realmente importa.

Existem coisas importantes e valiosas em si mesmas, que não precisam que você as compre, como o respeito, o afeto, a atenção, um tempo de qualidade com a família e os amigos etc.

Se você pegar todos esses conselhos, verá que eles partem todos do mesmo lugar: direção é mais importante que velocidade. Essa é a noção completa de tudo o que falei até agora.

Você não poderá cuidar da família no curto prazo se não estiver pensando no longo prazo, se não souber para onde ir, se não se preparar e planejar corretamente, se não trouxer Deus para os projetos e todos os valores que Ele traz consigo etc.

Tudo isso vai convergir em você, e se você não estiver ciente disso, cometerá muitos e muitos erros que poderiam ter sido evitados desde o começo.

Esses conselhos são fruto de anos de experiências e aprendizados, de erros e acertos, que me fizeram chegar até aqui. Espero que eles sejam úteis também para você.

HACKS DE GESTÃO QUE VOCÊ NÃO ENCONTRARÁ EM OUTRO LUGAR

"É próprio do sábio ordenar."
— **Aristóteles**, *filósofo e polímata da Grécia Antiga*

Após terem aceitado a missão de resgatar a princesa, que estava presa na torre mais alta do castelo, Shrek e seu amigo Burro, logo partem em direção ao seu objetivo. No caminho, eles têm uma conversa muito peculiar:

— Os ogros são como cebolas! —, diz Shrek para o Burro.

— É... Fedem e fazem a gente chorar... —, respondeu ele.

— Não, Burro... Camadas... Cebolas têm camadas, ogros têm camadas! —, disse Shrek, explicando a analogia.

Embora o diálogo seja curtinho e tenha uma função cômica, a analogia ainda é muito boa e muito pertinente para empreendedores, gestores, líderes e colaboradores de um negócio, que entendem que empresas de sucesso são, assim como as cebolas, feitas de camadas.

Os problemas que a empresa precisa solucionar também aparecerão, na maioria das vezes, cheios de camadas. Por isso, um gestor competente é como um chef habilidoso na cozinha. Eles sabe como separar as partes com cuidado e preparar as soluções de maneira precisa. Assim como um bom chef combina ingredientes para criar um prato equilibrado, um bom gestor alinha todas as partes da empresa para que funcionem em sintonia e alcancem o resultado desejado.

No entanto, quando estamos no início da construção de um negócio, queremos fazer tudo e resolver todos os problemas de uma só vez. Não à toa, [15]Stephen Covey aconselha: devemos começar pelo que é mais importante. Isso significa que, sendo o problema uma espécie de cebola, a sua primeira camada, a mais externa, é a mais importante de resolver primeiro.

Pensando assim, vamos imaginar que você esteja querendo construir uma base de leads. Qual seria a primeira camada do problema? A maioria provavelmente dirá que essa escolha depende de muitos fatores, como a capacidade de segmentação e rastreamento, envios etc.

Mas não é bem assim.

Isso vai acabar gerando uma quantidade de requisitos absurdos que você vai ter que levar em consideração antes da decisão. O que torna o trabalho de gestão ineficiente e demorado, além de cansativo e desgastante. Ou seja, o que antes era uma escolha simples (escolher um CRM) agora se tornou algo complexo, que te tira o foco do problema principal.

Isso também aconteceu na Guru. Hoje em dia, temos uma automação de WhatsApp funcionando bem na plataforma, mas não começamos assim. Tudo começou por conta de um cliente que só conseguia falar com a gente pelo WhatsApp.

Foi então que percebemos que precisávamos acabar com isso. Tínhamos que ter um número de WhatsApp com o qual todos os clientes pudessem entrar em contato com nosso suporte. Mas precisávamos que as mensagens chegassem ao chat da plataforma, e que também fosse possível nosso time responder direto pelo chat e que as respostas chegassem até o WhatsApp do cliente.

---

15   Os 7 Hábitos das Pessoas Altamente Eficazes.

Essa foi a primeira camada.

A partir daí, começamos a pensar em outras coisas: como faríamos, por exemplo, para mandar mensagens para os clientes, via WhatsApp, informando que a sua mensalidade estava atrasada, se ele precisa fazer uma alteração de plano. Como vamos automatizar essa conversa? Isso representa outra camada da cebola. Como faremos para automatizar a conversa com os clientes que criaram contas trial ou que estão pedindo demonstração? Outra camada.

É assim que você vai descascando os problemas do seu negócio e resolvendo eles por partes, sempre enfrentando aquilo que mais dói ali na frente, que aparece sempre que você passa de uma camada para a outra.

Quando se pensa e fala em gestão, e você pensa em automatizar tudo e quer resolver todas as dores e problemas, por querer resolver todas as camadas de uma só vez, é inevitável que acabe como no exemplo inicial que dei acima, sobre o CRM: você vai levantar uns cem problemas que o CRM deve resolver até que você escolha algum para começar.

Ao tentar resolver um problema da camada mais interna da cebola, você está ignorando o conselho dos sábios, que diziam que é sempre preferível começar do mais fácil em direção ao mais difícil. Quando se tenta resolver as camadas mais internas, sem ter resolvido, antes, as mais externas, isso vai te causar mais dor de cabeça e sofrimento, além de te tomar muito mais tempo, porque você não resolveu ainda as mais superficiais.

Você precisa pensar no que há antes.

Daí surgem questões complicadas e delicadas, como a ansiedade, que transparece no comportamento de tentar fazer tudo às pressas, de querer andar em qualquer direção, desde que chegue rápido, etc. Ou seja: a visão de gestão do Guru está completamente interligada aos conselhos presentes no capítulo anterior. Por isso, eu vejo tudo como um ecossistema.

Não adianta correr para resolver as coisas se você ainda não dominou a camada do problema em que você está atualmente. É como se você fosse um guerreiro nível 20 tentando enfrentar um chefão nível 100. Você precisa desenvolver suas habilidades, do contrário é provável que você não compreenda o problema, compreender todas as nuances do problema. Dominar camada por camada trará um *know how* muito maior para você.

O segredo de 2000 anos da filosofia prática

Como vimos, a primeira etapa para uma gestão eficiente é a visão de que os problemas são como cebolas e, portanto, possuem camadas, que devem ser resolvidas da mais externa e mais fácil para a mais interna e mais difícil.

No entanto, isso não tem nada de novo. O que estou fazendo aqui é um simples resgate de conceitos da filosofia de Aristóteles, que dizia que o ordenamento é uma virtude própria do sábio.

O mundo moderno está cada vez mais acelerado e mais rico em informações. Uma quantidade enorme de informações chega todos os dias até nós, através de nossos celulares, computadores e até mesmo pelas pessoas com quem convivemos. Problemas também são informações, mas são coisas práticas. Embora tenhamos uma noção errada sobre filosofia, que acredita que ela serve apenas para o pensamento, a história das ideias nos mostra que, na verdade, a filosofia também tem seu lado prático.

Um dos principais motivos para a criação de processos ineficazes em empresas iniciantes é a tentativa de processar todas as informações de uma só vez. Por isso eu gosto tanto de ver problemas como se fossem cebolas: isso cria uma ordem natural e permite que foquemos no que realmente importa.

O cérebro humano possui a capacidade de receber e processar informações, é verdade. Mas você já se perguntou a que custo? Considere as seguintes informações: nossos neurônios são células vivas que possuem um metabolismo e, por isso, precisam de oxigênio e glicose para sobreviver. Quando exigimos demais dos neurônios, o resultado alcançado é o cansaço.

Cada atualização de Story no Instagram, cada novo tuíte, mensagem ou e-mail que você recebe de um amigo, sócio ou colaborador compete no seu cérebro por recursos para lidar com coisas importantes, como resolver qual o melhor CRM, o pagamento de salários, questões de investimento, a família etc.

Você precisa levar em consideração que a capacidade de processamento de informações que a mente humana consciente pode fazer foi, certa vez, calculada em 120 bits por segundo. Ao ler estas páginas, você está trabalhando com aproximadamente 50 bits de informações por segundo. Agora, imagine que você esteja lendo estas páginas e que alguém comece a falar com você ao mesmo tempo. O seu cérebro simplesmente vai embaralhar as informações, criando uma confusão mental e um cansaço extremo, porque você passa a utilizar mais recursos para processar tudo o que está acontecendo.

Por isso é que Aristóteles, há mais de 2000 anos, vai ensinar sobre a necessidade de ordenar as coisas. Estabelecer o que vem primeiro e o que vem antes é fundamental para gerir bem o seu negócio.

Além disso, a ordem também permite visualizar o processo com mais clareza e facilita o encontro de soluções inteligentes para problemas complicados. Uma excelente forma de organizar problemas e tarefas são os 4 Quadrantes de Covey. A Matriz de Covey, ou os 4 Quadrantes de Covey, é uma metodologia de organização eficiente que separa os problemas em 4 categorias:

1. Urgente
2. Importante
3. Não urgente
4. Não importante

Os quatro quadrantes levam em consideração categorias importantes e presentes em qualquer gestão de empresa (na verdade, ajuda na gestão de qualquer coisa), uma vez que estabelecer critérios claros e simples para separar o que merece a sua atenção do que não merece a sua atenção.

A Matriz de Covey ficaria mais ou menos assim:

MATRIZ DE COVEY	**URGENTE**	**NÃO URGENTE**
IMPORTANTE		
NÃO IMPORTANTE		

Essa matriz pode ser preenchida de diversas maneiras, mas o ponto principal é colocar no primeiro quadrante (urgente e importante) aqueles 20% que representam 80% dos lucros do seu negócio, das tarefas da sua empresa, ou que demandam a ação do líder; enquanto as outras podem ser agendadas (feito as importantes mas não urgente) ou delegadas (feito as urgentes mas não importantes).

Tarefas e problemas que não são nem urgentes nem importantes podem ser facilmente eliminadas da sua lista.

Embora a Matriz de Covey seja uma metodologia muito inteligente, seus princípios filosóficos são aristotélicos: o fato de separar as coisas em categorias facilita o processamento de informações e cria o espaço perfeito para estabelecer a ordem entre o que vem antes e o que vem depois.

É um método para conhecer as camadas da cebola.

Você já preparou um café da manhã?

Andrew S. Grove, ex-CEO da Intel, escreve em seu livro *Gestão de Alta Performance* que os princípios da produção são "produzir e entregar produtos em resposta às demandas do cliente em um prazo de entrega *programado*, com um nível de qualidade *aceitável* e ao *menor* custo possível". Para explicar o funcionamento desses princípios básicos da produção, Grove fala sobre a produção de um café da manhã, composto por um ovo de gema mole cozido por três minutos, torradas com manteiga e café quente.

Não podemos incluir nesses princípios, explica Andrew, a entrega do que o cliente quiser sempre que ele quiser, uma vez que isso exigiria uma capacidade de produção praticamente infinita ou algo equivalente, como um estoque grande e que esteja sempre pronto para a entrega.

A melhor decisão, nesse caso, seria o produtor assumir a responsabilidade por entregar o produto dentro de um prazo determinado, no caso do café da manhã, algo entre cinco e dez minutos após o pedido ser feito. Esse café, vale lembrar, precisa ser feito a um custo que possibilite sua venda por um preço mais competitivo em relação ao mercado, de modo que você obtenha lucro. A pergunta de Grove é:

Qual seria o jeito mais inteligente de fazer isso?

Considere que a torrada leva apenas um minuto para ser preparada e que o café já está pronto e aquecido. Nesse caso, o ovo é a tarefa com o maior tempo de preparo e, por isso, Grove ensina que devemos planejar toda a produção desse café da manhã em torno do tempo de preparo do ovo.

Note que até mesmo algo que parece simples, um café da manhã composto de um ovo, torradas, manteiga e café, possui um processo de produção complexo por trás. Grove também recomenda olhar o processo de trás para frente, de modo que você considere tudo o que deve estar simultaneamente pronto no momento da entrega e crie o processo a partir desse ponto.

A gestão de um negócio é exatamente assim: conhecer os problemas e criar processos para resolver essas dificuldades, atender às demandas dos clientes e obter lucro.

OS 5 CHEFES DE QUALQUER NEGÓCIO

"Líderes pensam e falam sobre soluções."
— **Brian Tracy**, *palestrante e CEO*

Escrevi este capítulo enquanto estava em Bolonha, na Itália, próximo a Ímola. Vim assistir ao Grande Prêmio de Fórmula 1 com a Michelle, no mesmo autódromo onde, trinta anos atrás, perdemos o lendário tricampeão mundial Ayrton Senna da Silva. Estamos hospedados em um Airbnb, aproveitando a cidade, e, entre um passeio e outro, me deliciei com um sanduíche de mortadela incrível, acompanhado de muito queijo. Nesse cenário, me inspirei a escrever sobre algo que nunca vi ninguém no Brasil abordar.

Vou falar sobre os cinco chefes de qualquer negócio. Esse conceito é algo que a Digital Manager Guru já aplicava, mesmo de forma intuitiva, desde o nosso início em 2017. O que me fez aprofundar a reflexão sobre ele foi minha experiência em Valência, na Espanha, quando participei do processo de aceleração do grupo Mercadona, uma gigante do varejo espanhol com mais de 1.200 lojas e 100.000 funcionários. Foi lá que aprendi formalmente sobre esses cinco chefes, e esse aprendizado renovou meu entusiasmo para continuar expandindo a empresa.

Os cinco chefes são simples e diretos — assim como tudo que fazemos na Guru. Eles são os pilares que sustentam qualquer negócio de sucesso. Embora a lista seja numerada, todos são igualmente importantes.

O Chefe Nº 1: O Cliente

Para quem já conhece a Guru, não é novidade que o cliente é o centro do nosso universo. Nenhum negócio existe sem o cliente, e nosso objetivo principal sempre foi atendê-lo, resolver suas dores e garantir sua satisfação. Parece algo óbvio, mas muitas empresas acabam perdendo esse foco ao crescer. O sucesso só vem quando se resolve um problema real para o cliente.

No Mercadona, por exemplo, tudo é pensado na experiência do cliente. Os corredores são amplos, permitindo a passagem confortável de dois carrinhos. Eles têm uma política de "sempre preço baixo", sem promoções enganosas. Essa simplicidade define o que eles fazem: "vendemos alface", como eles mesmos dizem – sem glamour, apenas concentrados em atender bem. Esse é o chefe número um de qualquer operação: colocar o cliente em primeiro lugar, sem rodeios.

O Chefe Nº 2: Os Colaboradores

Depois dos clientes, vêm os colaboradores. São eles que multiplicam nossa riqueza e nosso tempo. Eu e Michelle podemos estar em Bolonha agora porque temos uma equipe de 50 pessoas trabalhando conosco. São as mesmas oito horas, só que multiplicadas por 50.

Os colaboradores não são apenas mão de obra; eles trocam o ativo mais precioso que têm – o tempo – pela segurança de um salário. Essa troca precisa ser justa para ambos os lados. Não se trata apenas de cobrar resultados, mas de garantir que o ambiente seja fértil para eles crescerem.

Temos histórias inspiradoras na Guru, como a Aline, que abriu novas possibilidades nas parcerias, ou o Francisco, que trabalhava em um café e hoje é nosso líder de atendimento. Eu também sou um recurso para minha equipe – escrevendo este livro, por exemplo, sou um recurso para o time de marketing, porque compartilhar conhecimento é parte da nossa estratégia.

É por isso que cuidamos do bem-estar dos nossos colaboradores, com iniciativas como uma psicóloga à disposição, sem custo adicional para eles. Se um colaborador não está bem, isso impacta seu desempenho e, por consequência, o nosso atendimento ao cliente. Portanto, cuidar da equipe é cuidar do nosso negócio.

O Chefe Nº 3: Parceiro de Negócio

O terceiro chefe é todo parceiro de negócio. A frase "se você quer ir rápido, vá sozinho; se quer ir longe, vá acompanhado" se aplica perfeitamente aqui. Criamos um ecossistema de parcerias porque acreditamos que somos um meio, nunca o fim.

Trabalhamos com processadores de pagamento, áreas de membros, ferramentas de e-mail marketing, emissão de notas fiscais, entre outros. Cada parceiro é parte fundamental do nosso sucesso. Não pressionamos nossos parceiros pelo menor preço a qualquer custo, pois acreditamos que relações saudáveis são mais importantes do que espremer cada centavo. Temos parceiros de anos, como o que faz nossa certificação PCI, com quem nem discutimos preço. Nossa relação é baseada em confiança e cooperação para o crescimento mútuo.

O Chefe Nº 4: A Sociedade

O quarto chefe é a sociedade. Estamos falando aqui de nosso impacto social. Precisamos deixar um legado e contribuir para o mundo ao nosso redor. Por exemplo, em Portugal há muitos incentivos para estagiários, e todos que passaram pela Guru foram contratados. Vemos isso como uma responsabilidade social nossa — não queremos viver de mão de obra barata sem perspectiva de contratação.

Além disso, temos um *turnover* baixíssimo, porque procuramos garantir estabilidade aos nossos colaboradores. Pagamos nossos impostos, mesmo discordando de muitos deles. Queremos ser éticos e transparentes, e isso se reflete em nosso ambiente de trabalho. Promovemos a diversidade, contratando pessoas de diferentes origens e respeitando suas histórias e particularidades. O importante é que estejam alinhados com a nossa cultura, porque cultura é o que direciona uma empresa.

O Chefe Nº 5: O Acionista

Por fim, os acionistas. Ou seja, os donos da empresa. A empresa precisa dar lucro, pois mesmo uma ONG precisa ter um excedente para sustentar sua operação. Uma empresa que não visa o lucro não consegue investir, contratar mais pessoas ou se preparar para o futuro.

Uma empresa rica com donos pobres significa que os donos não conseguem usufruir daquilo que construíram; já uma empresa pobre com donos ricos é o caso de donos que retiram demais da companhia e não deixam espaço para ela crescer. É preciso encontrar o equilíbrio, onde tanto a empresa quanto os acionistas prosperam.

Esses cinco chefes – cliente, colaboradores, parceiros, sociedade e acionistas – são os pilares que sustentam qualquer negócio de sucesso. Nenhum é mais importante que o outro; todos precisam estar alinhados e recebendo a devida atenção. A chave é criar um ecossistema onde cada parte contribui para o todo, garantindo que o negócio seja sustentável, rentável e, acima de tudo, humano.

O MODELO DE LIDERANÇA GURU

"Então, lembre-se destas palavras: ambiente magnânimo, influências positivas e atmosfera de apoio. Seja inteligente o suficiente para criar esse ambiente e forte o suficiente para não abandoná-lo."

— **Alexandre Havard**, *especialista em estudos sobre liderança*

O que vem à sua cabeça quando você ouve a palavra "líder"? Talvez você pense em grandes CEOs de sucesso, ou em generais que comandam grandes exércitos, talvez reis e imperadores, presidentes e primeiros-ministros. As referências talvez estejam certas, mas o que realmente é um líder e como ele lidera?

Grandes empresas americanas se tornaram referência em seus nichos muitas vezes devido ao seu modelo de liderança. Isso, claro, vai se refletir na capacidade de inovação e adaptação da empresa, tanto em relação aos seus produtos como na entrega deles, no processo de produção etc.

Pensemos na Pixar. Quando se fala em animação 3D, a Pixar é uma grande referência como pioneira na produção de longas-metragens feitos inteiramente por computadores. Esse pioneirismo e capacidade de inovação não é causa, mas efeito de um modelo de liderança focado em criatividade.

Esse modelo de liderança focado em criatividade permite a criação de um ambiente de trabalho divertido e criativo: os animadores, storytellers, produtores etc., podem enfeitar seus espaços de trabalho da forma como preferirem, de modo que muitos enfeitam suas mesas com legos, livros, quadrinhos, bonecos, entre outros. Isso permite que a criação de ideias seja a energia vital que percorre todos os corredores do estúdio.

Na Digital Manager Guru não é diferente. Nós também temos nosso modelo de liderança, e nas próximas linhas você vai entender a fundo por que ele funciona tão bem no nosso dia a dia.

A essência da liderança

"A essência da liderança é o caráter", escreve Alexandre Harvard em seu livro *Virtudes e Liderança*. No entanto, essa descrição não parece corresponder à imagem presente no imaginário popular, que costumeiramente restringe a liderança aos chefes de estado, aos comandantes do exército ou aos donos e sócios de uma empresa.

Nada mais longe da verdade. Essa imagem popular é bastante superficial e coloca na mesma prateleira homens que marcaram a história não apenas por suas qualidades, mas também pelos seus grandes defeitos, como muitos ditadores ao longo da história recente.

Estar em uma posição de autoridade não garante que você será um bom líder para os seus liderados. É preciso que você desenvolva algumas habilidades, sim, mas sobretudo o seu caráter, a sua conduta no dia a dia.

Pensando em termos filosóficos, um bom líder é alguém que desenvolveu as quatro virtudes cardeais da prudência, justiça, fortaleza e temperança.

Contudo, sabemos que a realidade não é bem assim.

Muitos líderes do século XX não ascenderam ao poder devido a golpes e trapaças, contra adversários e, em alguns casos, até mesmo amigos. Na Parte 2 deste livro, relatei brevemente um antigo ex-sócio com quem tive problemas devido a esses desvios em suas condutas.

As virtudes são hábitos profundamente humanos, capazes de transformar completamente a forma como trabalhamos e conduzimos nossas vidas. Isso vale para chefes de Estado e professores, donos de empresas, tenentes e generais, donas de casa, médicos, etc.

Esse pensamento é a base, a essência, o cerne do modelo de liderança da Digital Manager Guru. É por meio dele que entendemos e reconhecemos em nossos colaboradores os seres humanos que eles são.

Os colaboradores são pessoas adultas

Uma empresa não é um playground para adultos. Com isso, quero dizer que entendo e reconheço a importância dos sentimentos e do bem-estar emocional de nossos colaboradores, mas isso não significa que vamos infantilizá-los.

Isso seria extremamente negativo para eles e para o negócio.

Em vez disso, nós entendemos que os colaboradores da empresa são adultos. Na prática, isso significa que vamos sempre tratá-los como pessoas maduras. Ao mesmo tempo em que reconhecemos que eles terão seus problemas pessoais, acreditamos na sua capacidade de resolver essas dificuldades internas.

A partir disso, a visão dos colaboradores sobre a empresa também deve ser madura. Ou seja: ele deve ser capaz de entender que a empresa não é a sua mãe, que resolverá todos os seus problemas.

Aqui estão alguns exemplos práticos...

"Vai quem quer para a festa"

Todos os colaboradores da empresa são avisados com antecedência sobre as festas da firma. Informamos a data e o local da confraternização e convidamos toda a equipe para participar junto à liderança.

No entanto, não é trabalho da empresa ficar lembrando ao colaborador sobre a festa ou exigir que ele participe do evento. Ficar correndo atrás do colaborador, afagando o seu ego ou tratando-o como uma criança que não é capaz de organizar-se para um compromisso é uma das principais formas de comportamento a ser evitado pela empresa.

Isso pode acabar "mimando" o colaborador, fazendo com que ele pense que é trabalho da empresa resolver todos os seus problemas pessoais. E não é isso que desejamos.

"Pague os salários em dia e cobre o trabalho"

Outro exemplo em que podemos identificar um tratamento mais maduro com relação à liderança é o acordo que se faz entre a empresa e o funcionário.

A relação básica entre empregador e empregado é mais ou menos assim: eu tenho um problema e você presta um serviço que resolve esse problema; eu tenho o dinheiro e você deseja o dinheiro. Firmamos então um acordo: você vai trabalhar x horas por dia e eu vou te pagar x reais pelo seu trabalho.

A relação deve ser estabelecida de forma clara, entendendo que o que foi combinado entre as partes pode ser cobrado: se você espera ser pago no dia acordado, deve também entregar o seu trabalho no dia combinado.

"Se não cumprem o trabalho vão para a rua"

Cada vez mais se torna observável o fenômeno do "medo de demitir". Por conta disso, muitas empresas mantêm colaboradores que não somam nada aos projetos e apenas atrapalham. São como sanguessugas, das quais você precisa se livrar.

Se você tem um colaborador que é muito bom no que faz, mas que está deixando de cumprir com o trabalho, então você tem um problema em mãos. Imagine você contratar um redator renomado no mercado pelos seus resultados, mas que entrega os textos do projeto em cima da hora ou que atrasa muitas vezes e vive dando desculpas...

Um líder precisa pensar sobre essas coisas e cogitar aquilo que é melhor para a sua empresa e, consequentemente, para os demais colaboradores que, sendo talvez medianos, entregam o trabalho no prazo estipulado ou até mesmo adiantado.

Além disso, essas falhas de comportamento revelam possíveis falhas de caráter, que podem realmente prejudicar a empresa. Isso poderia afetar negativamente uma empresa como a Guru, que funciona 100% remotamente, com os colaboradores em várias cidades diferentes do Brasil e Portugal.

Um ambiente que trata seus colaboradores injustamente, privilegiando um colaborador ruim em detrimento de um bom, acabará por criar um terreno rico em picuinhas internas. Os demais membros do time podem questionar por que você mantém um membro que colabora em nada, que comete muitos erros e que, mesmo assim, recebe o mesmo pagamento que todos os outros? Isso não é prudente e, consequentemente, não é justo também. Por isso, a decisão mais certa, nesse caso, seria a demissão do membro ruim. Isso é ser maduro.

Todo líder precisa ter tempo

Se você é o líder de uma empresa, ou de um setor, você precisa ter tempo. Se você não está tendo tempo, então há algo de muito errado acontecendo.

Como líder, você precisa ter tempo para cuidar dos seus liderados, para encontrar melhorias para os produtos ou problemas e dificuldades dos colaboradores e para descobrir como você vai melhorar seus próprios resultados.

Um bom líder é como o próprio sol: seus raios de luz iluminam o caminho pelo qual seus colaboradores irão andar, mas também aquecem contra o frio e contra a escuridão. Nesse sentido, você precisa liderar para os liderados, afinal você trabalha em prol da sua equipe, que são, como vimos anteriormente, um dos cinco chefes de um negócio.

Contudo, para que isso aconteça, o líder precisa ter tempo. E para que ele tenha tempo, precisa delegar corretamente as funções e as tarefas para seus colaboradores. Ao entender isso, o líder assume que seu tempo livre, que seu tempo ocioso, deve ser aproveitado de modo a buscar formas de melhorar a vida de quem permite que você tenha tempo, e não de modo egoísta, visando seus próprios prazeres acima de qualquer coisa.

É exatamente por isso que você deve ter sempre em mente que o resultado do líder é proporcional ao resultado de seus liderados. Ou seja: se as pessoas sob seu comando não batem a meta, você também não bate a meta.

COMO ESCALAR SEU NEGÓCIO SEM COMPROMETER QUALIDADE

"No mundo dos negócios todos são pagos em duas moedas: dinheiro e experiência. Agarre a experiência primeiro, o dinheiro virá depois."

— **Harold Geneen**, empresário estadunidense

Você já ouviu falar na The Lano Company? Essa empresa de cosméticos foi fundada por Miranda Coggins em 2005, após o nascimento de sua filha. Ela criou uma pomada labial feita à base de lanolina, ingrediente que possui diversos benefícios médicos.

A The Lano Company ficou ainda mais famosa depois de aparecer no programa *The Profit*, conhecido no Brasil como *O Sócio*. O programa é dirigido por Marcus Lemonis e tem uma premissa simples e interessante: um empresário de sucesso parte em busca de pequenas empresas onde possa investir seu dinheiro e ajudar os negócios a obter lucro.

Esse tipo de programa não é incomum. No Brasil, outro que ficou famoso nos últimos anos é o *Pesadelo na Cozinha*, em que o chef francês Érick Jacquin é chamado por pequenos restaurantes que estão passando por grandes dificuldades para ajudar a resolver os problemas.

Quando Marcus foi chamado para ajudar a The Lano Company, ela já faturava milhares de dólares com seus produtos feitos com ingredientes naturais e livres de glúten. Então, por que uma empresa aparentemente bem-sucedida pediria ajuda ao Lemonis? Logo no começo do episódio, Lemonis observa que a identidade da marca possui problemas que afastam os clientes, como o uso de listras preto e branco nas embalagens de produtos, que poderiam ter sido febre na década de 1980, mas que não faz sentido em 2015 (quando o episódio foi ao ar pela primeira vez).

Outro grave problema é que a criatividade da companhia era grande o suficiente para ela estar constantemente criando novos produtos, mas eles não eram vendidos em grande escala como a pomada labial. Assim, o grande número de novos produtos estava atrapalhando os lucros da empresa, por duas razões importantes: pessoas e processos.

Ao investir na criação de novos produtos constantemente, ela implementava novos elementos no seu processo de vendas e marketing e, com isso, causava certa confusão nos clientes, que não sabiam exatamente o que a empresa estava vendendo.

Para fazer com que o negócio voltasse a escalar corretamente, Lemonis mirou em três pilares fundamentais: produtos, pessoas e processos. Esses três pilares estão intimamente relacionados, como os lados de um triângulo: as duas extremidades da base são o produto e o processo, e o elo entre os dois são as pessoas.

Produtos

Buscando por produto no dicionário, temos as seguintes definições:

1. aquilo que é produzido; resultado da produção;
2. aquilo que é produzido para venda no mercado;
3. resultado de um trabalho ou de uma atividade;
4. quantia apurada em um negócio, venda de alguma coisa etc.

Podemos dizer que produto é aquilo que criamos mediante um processo de produção ou trabalho ou atividade, e que pode ser vendido no mercado.

Esse é o princípio básico de um negócio. Mais do que saber a quem você vai vender algo, ou o preço pelo qual pretende vender esse algo a alguém, você precisa saber o que exatamente está vendendo. Uma empresa que não tem um produto ou serviço dificilmente consegue ofertar algo no mercado. Do mesmo modo, o outro extremo, ter um excesso de produtos é igualmente prejudicial ao seu negócio, porque você oferece muita coisa, o que prejudica o processo de vendas.

No exemplo da The Lano Company, a grande solução para lidar com o excesso de produtos criados foi a divisão da companhia em três outras marcas: Mirabella Beauty, Pure Cosmetics e a Pure Lano Skincare.

Cada uma das marcas possui a própria linha de produtos e processos e, consequentemente, os clientes desejados para consumir esses produtos. Se todos os produtos estivessem sob a mesma marca ainda, a empresa continuaria tendo os mesmos problemas de quando gravou o episódio para a TV: não saber o que está vendendo.

Isso não pode acontecer com o seu negócio.

É muito importante que você crie produtos bons e focados inteiramente em resolver as dores dos seus clientes ideais, afinal eles é que irão pagar pelo produto. O que nos leva ao segundo pilar: pessoas.

Pessoas

"É a cultura de servir o cliente e melhorar a sociedade que faz as pessoas compreenderem o propósito do trabalho e trabalharem com cem vezes mais energia e capricho do que se estivessem apenas cumprindo uma tarefa em um emprego comum." Assim escreve André Street no prefácio ao livro *Obsessão pelo Cliente*.

Produtos são desenvolvidos com um fim em vista.

Estabelecer esse fim é fundamental para o resultado almejado pela empresa, que implementará o processo de produção. Quando você cria um curso novo, escreve um livro ou abre uma padaria, existe uma finalidade, um propósito na coisa toda, que dá sentido ao trabalho e motiva a equipe a trabalhar em prol de tudo isso.

Quando André escreve que "é a cultura de servir o cliente", o que ele está dizendo é que ser obcecado pelo cliente, conhecê-lo a fundo, entender suas motivações, desejos, dores e problemas e desenvolver produtos para resolver tudo isso, é o que traz verdadeiros resultados para o caixa do seu negócio.

Fazer a sua equipe ficar obcecada aumentará sua motivação no trabalho e os fará trabalhar com mais atenção e desejo nos produtos, não por estarem pensando exclusivamente no lucro que obterão com isso, afinal o lucro é o resultado dessa cultura.

É exatamente assim que a Amazon trabalha. Ela cria produtos e serviços focados exclusivamente nos clientes. Quando você tem um problema com algum produto adquirido em seu marketplace, o suporte entra em ação para ajudá-lo a resolver o problema e não descansam até que você esteja satisfeito com o atendimento e a solução.

Observe o serviço de assinatura da Amazon, o Prime. Seu valor é de R$ 19,90, mas o que ele entrega vai além do frete grátis: acesso aos filmes presentes no catálogo do Prime Vídeo; livros digitais grátis com o Prime Reading; acesso ao Amazon Music, o serviço de streaming de música da empresa; frete grátis em produtos elegíveis; Prime Gaming, que libera jogos gratuitamente todos os meses e assinatura na Twitch, uma plataforma de transmissão de jogos. Comodidade, lazer, entretenimento, praticidade e muito mais. Por menos de vinte reais. E além dos serviços, há o suporte, que é reconhecido como excelente por uma boa parte dos clientes.

Isso é ser obcecado pelo cliente.

No caso da Amazon, e de outras empresas, elas somam o produto à experiência do cliente. Na Digital Manager Guru pensamos da mesma forma: se nossa plataforma precisa de um curso que ensina a utilizá-la, então erramos na integração do cliente. É preciso simplificar as coisas e tornar a experiência do cliente algo que o faça enxergar valor no produto oferecido.

Embora eu tenha comentado sobre as mais de cem integrações presentes em nossa plataforma, a experiência está em como você faz uso de tudo isso. É preciso que você consiga integrar todas as ferramentas importantes para o seu negócio em poucos cliques. Se houver muitos passos no caminho, você vai desistir rapidamente.

Então, nós simplificamos tudo e deixamos as coisas a poucos cliques de distância. Além disso, a cultura que queremos deixar presente na Guru é justamente a obsessão pelo cliente: quais problemas ele está tendo com a nossa plataforma? O que podemos fazer para melhorar? O que ainda não fizemos que pode ser implementado hoje?

O que nos leva ao último pilar.

Processos

Numa empresa, existem diferentes tipos de processos:

1. Processos de produção.
2. Processos de vendas.
3. Processo de implementação de ideias.
4. Processo de integração de clientes. Entre outros.

Voltando brevemente ao caso da The Lano Company, a empresa já tinha um bom número de clientes e um processo de produção de produtos que a permitia inovar constantemente o seu catálogo. No entanto, estavam diante de um problema em seu processo de vendas: devido ao excesso de ofertas, os clientes não sabiam mais o que comprar e poderiam acabar desistindo da compra na metade do caminho.

Essa mesma lógica se aplica a empresas que prestam serviços.

Vamos imaginar uma agência de marketing. Seus serviços incluem todo o pacote que uma agência de marketing digital costuma entregar: anúncios, páginas de vendas, e-mail marketing, marketing de conteúdo etc. Seu processo de produção também está definido. Porém, seu processo de integração dos clientes é confuso e demorado. O cliente sente-se perdido em meio ao processo caótico.

Agora, suponha que essa mesma agência tenha um bom processo de integração dos clientes, mas seu processo de produção das demandas é caótico e confuso. A experiência do cliente vai para o ralo facilmente.

Ao pensar sobre os processos na sua empresa, você precisa estabelecer os pontos principais que sua equipe deve seguir para implementar seu trabalho. Ou seja: a agência precisa fazer um bom onboarding do novo cliente, enquanto mantém o ritmo da produção de conteúdos, copies e design etc.

Existem casos em que empresas atraem mais clientes do que conseguem atender, o que emperra seus processos de vendas. Ou casos em que implementar uma nova ideia se torna um problema simplesmente por não se ter clareza da maneira como essa ideia será implementada.

O ponto principal é estabelecer processos que aproximem os clientes dos produtos ou serviços oferecidos de modo rápido e eficaz, sem que isso gere quaisquer dificuldades no caminho. Se há muitos passos que precisam ser seguidos até se chegar ao objetivo, as chances do cliente fechar a compra é muito menor.

SAINDO DA CAVERNA

"Ideias e somente ideias podem iluminar a escuridão."
— **Ludwig von Mises**, *economista austríaco*

O filósofo libertário Henry David Thoreau certa vez escreveu: "Muitos homens iniciaram uma nova era na sua vida a partir da leitura de um livro."

A veracidade da frase de Thoreau é notável quando olhamos diretamente para a história do mundo, desde a Antiguidade até os nossos dias.

Platão, grande filósofo grego, nos deixou muitos livros, os quais não apenas mudaram as vidas dos homens que os leram, como moldaram, junto das obras de seu maior discípulo, Aristóteles, todo o pensamento Ocidental.

Observamos efeito semelhante em nossos dias quando olhamos para o papel que o estoicismo tem desempenhado na área do desenvolvimento pessoal, tornando-se uma escola de ensinamentos preciosos para lidar com problemas cada vez mais presentes em nosso dia a dia, como a ansiedade, o estresse, a ira, etc.

O conjunto de livros sagrados, a Bíblia, viria a se tornar o principal manual de vida do Ocidente por longos séculos. No mundo árabe, o Alcorão desempenhou papel semelhante para o povo.

Já na modernidade, presenciamos o surgimento do Iluminismo pelas mãos de Diderot, Rousseau e companhia, que viriam a influenciar diretamente os acontecimentos políticos, científicos, sociais e filosóficos até os dias atuais.

Na Rússia, Lenin foi influenciado pelos livros de Marx e Engels e deu início à Revolução Russa.

No campo das ciências, somos influenciados pelas Revoluções de Copérnico, pelas descobertas e observações de Galileu e a Teoria da Gravidade de Newton. O fato é que, como bem disse o filósofo positivista Auguste Comte, a vida dos vivos é regida por filósofos mortos.

Meu intuito, ao escrever este *Guia Politicamente Incorreto*, era semelhante: que você, leitor, ao final da leitura, iniciasse uma nova era nos seus negócios.

Por isso, ao longo dessa jornada fiz questão de explorar temas polêmicos e delicados para o mundo dos negócios online, mostrando, em resposta, a filosofia de negócios que move não apenas a mim, mas toda a minha empresa atualmente.

Contudo, este livro é mais que uma simples peça de vendas dentro de uma estratégia comercial. Ele é, na verdade, uma maneira de aprofundarmos o nosso relacionamento, através da entrega de um conteúdo interessante, pessoal e prático, resultado de anos de atuação no mercado digital.

Não à toa, mesmo quando eu me permiti falar da minha própria história ou do nosso próprio produto, inseri dicas úteis e práticas para você. Isso reforça a preocupação que temos de sempre gerar valor para os nossos clientes e, nesse caso, também os nossos leitores.

Acreditamos profundamente em nossa filosofia de vendas, baseada em tudo o que disse anteriormente, e como resultados não apenas obtivemos lucros desde o começo de nossa operação, como desenvolvemos relacionamentos profundos com nossos clientes, porque somos obcecados por eles. A confiança depositada em nós foi o que nos permitiu, por exemplo, implementar o sistema de venda de ingressos em nossa plataforma.

E em apenas três meses, mais de 10 mil ingressos foram gerados!

Isso também se aplica ao dinheiro movimentado pela operação: desde 2017, mais de 6 bilhões de reais já passaram pela Digital Manager Guru, e, com isso, conseguimos constantemente expandir e melhorar a plataforma, para melhor atender os desejos e melhor solucionar os problemas de nossos clientes.

Além disso, nos anos de 2023 e 2024, marcamos presença no Top 5% Melhores PME de Portugal pela Scoring[16].

Com isso em mente, queremos estabelecer a Digital Manager Guru não como um simples checkout no mercado. Mas, na verdade, queremos que nossos leitores vejam a Guru como o reflexo de uma nova era para os negócios digitais, com mais honestidade, transparência e dedicação.

Queremos garantir que os empreendedores foquem no que realmente é importante para o seu negócio, sem a burocracia das plataformas ou as armadilhas das taxas ocultas e ferramentas limitadas. Por essa razão, para mostrar que não estamos de brincadeira, criamos uma solução simples, poderosa e econômica, onde você tem a total liberdade e o total controle da sua operação.

Vamos além do pão e circo das plaquinhas e dos afagos no seu ego. Entregamos uma solução poderosa porque queremos

---

16 Scoring é uma metodologia de avaliação e classificação de empresas em Portugal, usada para medir a saúde financeira e a performance de empresas no país. O método de avaliação da Scoring envolve uma análise profunda de vários indicadores financeiros e econômicos, que geram uma pontuação (ou score) para cada empresa analisada.

que você alcance suas metas com mais facilidade e sem dores de cabeça.

Graças ao empenho de nosso time, conseguimos inovar na criação e implementação de soluções novas e importantes para os negócios de nossos clientes, transcendendo a função de ferramenta e se tornando realmente uma nova maneira de ver os negócios online.

Este manifesto pode lhe servir realmente como um manual para que você quebre o sistema, mude o seu jogo e eleve o nível do seu negócio online. Não hesite em recorrê-lo sempre que você precisar pensar em soluções, buscar inovação, ter inspiração para a disrupção e fazer o que todos os empreendedores deveriam fazer: desafiar o status quo. Que você possa ter muitos lucros, fechar muitos negócios e realizar todos os seus sonhos.

Ao seu sucesso e prosperidade,

André Lado Cruz

AGRADECIMENTOS

Sem a união de Fernando e Terezinha, mesmo que breve, eu jamais existiria. Meus pais sempre farão parte de minha história e seguirão servindo como modelo em meu presente e futuro. Cada um com o seu estilo, mas congruentes nos valores transmitidos, criaram um jovem ético, trabalhador e responsável. Reconheço que a missão não foi nada fácil e espero que tenha sido gratificante. A ambos, minha eterna gratidão, admiração e honra.

Constituir uma família em 2008 com a Michelle e, desde então, dividir todos os dias de minha vida ao seu lado é um dos maiores presentes que eu recebi de Deus. Ela é peça fundamental de minha história. Afinal de contas, ela transformou o filho de Fernando e Terezinha em seu marido, companheiro, empresário e homem realizado. Eu sempre amarei você, Michelle.

Uma das primeiras pessoas a acreditar na Guru foi o Christian Barbosa. Mesmo sem compreender muito bem a nossa proposta, ele enxergou além daquilo que apresentei e, imediatamente, topou ser nosso investidor anjo. Sua presença tornou ainda mais séria a nossa gestão já que tínhamos mais alguém para quem prestar contas. Obrigado, Christian, por ter acreditado em nós prontamente.

Sem o investimento que recebemos da Portugal Ventures no início de 2019, essa história talvez nunca fosse escrita. António Martinez e João Pereira, obrigado pelos aconselhamentos, pelo apoio incondicional às nossas escolhas e por nos permitirem criar um novo ambiente de negócios para os vendedores online. É realmente um privilégio para nós ter a PV como acionista.

Milhares de clientes usam nossos serviços diariamente, movimentando milhões de reais, gerando centenas de milhões de transações tecnológicas e sempre de forma simples, robusta e justa. Obrigado a cada um de vocês por confiarem em nós o seu negócio.

Para servirmos nossos milhares de clientes, temos um conjunto de colaboradores sensacionais. Pessoais éticas, responsáveis e comprometidas com seus resultados. Seres humanos que escolheram trocar seu ativo mais importante, o tempo, para nos ajudar a construir a Guru e transformar definitivamente o mercado de vendas online. Sou muito grato por poder caminhar ao lado de vocês ao longo dessa jornada.

Centenas de empresas contribuíram, contribuem e seguirão contribuindo para que impactemos positivamente um número cada vez maior de negócios. A essas chamamos de parceiros de negócios. Sem vocês, nunca seríamos capazes de transformar o mercado e criar um novo modelo de "vendas online". Além de agradecer, me coloco a disposição para ajudar vocês a impactar mais e mais negócios juntos.

Milhares de pessoas interagiram comigo para que eu me tornasse quem eu sou hoje, ajudando a construir a minha visão de mundo. Como seria impossível citá-las individualmente, eu agradeço e honro a existência de cada uma de vocês.

Sem Suas orientações e direcionamento, eu continuaria perdido e em busca de sentido para minha medíocre existência. Mesmo não sabendo o que Você viu de especial em mim, decidi ser um servo leal e obediente. Desde então minha vida se tornou algo extraordinário. Se tenho os resultados que tenho e vivo a vida que vivo é porque Você assim o permite. Sem Ti eu não sou nada. Obrigado, Jesus!

www.dvseditora.com.br

Impressão e Acabamento | Gráfica Viena
Todo papel desta obra possui certificação FSC® do fabricante.
Produzido conforme melhores práticas de gestão ambiental (ISO 14001)
www.graficaviena.com.br